Lesereise

das Deutschland von heute

Megumi Higuchi
Maurizio Camagna

JN107532

SANSHUSHA

音声ダウンロード＆ストリーミングサービス（無料）のご案内

https://www.sanshusha.co.jp/text/onsei/isbn/9784384131062/

本書の音声データは、上記アドレスよりダウンロードおよびストリーミング再生ができます。ぜひご利用ください。

はじめに

　本書の Lesetext は、もともとは、著者の一人である Camagna が、三重日独協会のドイツ語教室の受講者のみなさんのために、ドイツの文化を紹介する目的で書いたものです。毎週金曜日のドイツ語教室のために書き溜めていたテクストは、2016 年から 2019 年までの三年間で、100 を超えるまでになりました。これらのテクストのジャンルは多岐にわたります。ドイツのお祭り、食文化、有名人、歴史などの日本でも比較的よく知られたテーマの他に、ドイツ人だからこそ書けるようなテーマ（ドイツ発祥のヌーディズム、テレビ番組の Tatort や Sandmännchen）もあります。こういった内容は、ドイツの現代文化に深く根付いており、ドイツ人なら誰もが知っているけれども、外国人には意外と知られていないものです。また、従来のドイツ語教科書ではあまり扱われていなかった内容でもあります。こういったテクストをもっと多くのドイツ語学習者のみなさんに読んでもらえれば、クラシック音楽やサッカーといったドイツのステレオタイプ的な側面とはまた違った、もっとカジュアルで現代的なドイツの一面を紹介できるのではないかと考えました。

　本書は 15 課から成り、100 以上のテクストの中から特に著者二人が面白いと感じた 15 のテクストを、各課に一つずつ収録しています。しかし、本書は「読む」ことに特化するのではなく、それに加えて「聞く」「書く」「話す」というドイツ語の四技能を総合的に伸ばせるような構成になっています。各課は、それぞれの Lesetext に関連した語彙の学習、テクストの読解、リスニング問題や、パートナー／グループで行う会話練習やゲーム形式の練習、作文練習、文法のおさらい問題から構成されています。楽しんでドイツ語を学べるよう、精一杯、練習問題を工夫しました。本書を手に取ってくださったみなさんにとって、本書がドイツ語学習の一助となることを、また、現代ドイツ文化をより深く知るためのきっかけとなることを祈っています。

2022年 秋

樋口　恵

Maurizio Camagna

Inhaltsverzeichnis

Deutsche Küche: Maultaschen

1 Kennen Sie Gerichte aus deutschsprachigen Ländern? Suchen Sie eines im Internet und stellen Sie das Gericht in Ihrer Gruppe vor.

1-01

2 **Wortschatz** Was bedeuten die folgenden Wörter? Schlagen Sie diese in Ihrem Wörterbuch nach. Hören Sie sich die Aussprache an und üben Sie diese mit Ihrer Partnerin / Ihrem Partner.

kochen	braten	backen	grillen	anrösten
füllen	klappen	mischen	rühren	hinzufügen
eine Prise (Salz)	(mit Salz, ...) abschmecken	schälen	in Scheiben schneiden	in kleine Stücke schneiden
Topf	Pfanne	Teller	Schüssel	
Ofen	Blech	Frischhaltefolie	Backpapier	Maul

Maultaschen

 A _____

Maultaschen sind gefüllte Teigtaschen und ein beliebtes Gericht der deutschen Küche. Ursprünglich kommen sie aus Süddeutschland, aber man findet sie in fast jedem Supermarkt in Deutschland. Sie sind den japanischen Gyoza ähnlich, aber normalerweise größer. Es gibt sie in vielen Variationen: Ganz klassisch mit Fleisch gefüllt, aber auch Füllungen mit Spinat und Käse sind beliebt. Maultaschen werden entweder in einer Brühe gekocht (Suppenmaultaschen) oder mit Zwiebeln in der Pfanne gebraten.

 B _____

Maultaschen gibt es seit ca. 1700 und sie wurden wahrscheinlich im schwäbischen Maulbronn erfunden (**Maul**bronner-Teig**taschen**). Tatsächlich stammen die Maultaschen aber wahrscheinlich aus Italien, denn in Maulbronn gab es mehrere italienische Waldenser-Kirchen. Waldenser waren italienische Protestanten aus Norditalien. Die Waldenser mussten aus Italien fliehen, weil sie im katholischen Italien verfolgt und getötet wurden. Als diese Flüchtlinge nach Deutschland kamen, pflanzten sie 1710 Kartoffeln und Tabak, was es in Süddeutschland bis dahin nicht gab. Vermutlich waren es auch diese Flüchtlinge, die die Maultaschen erfanden, welche den italienischen Tortellini und Ravioli ähnlich sind.

C _____

Maultaschen haben im schwäbischen Dialekt einen besonders eigenartigen Namen: „Herrgottsb'scheißerle" (Herrgott = Gott; bescheißen = betrügen; also „Gottbetrügerlein"). Warum haben Maultaschen solch einen komischen Namen? Grund dafür ist die 6-wöchige Fastenzeit vor Ostern. In dieser Zeit durfte man nämlich kein Fleisch essen. Weil die Leute aber trotzdem Lust hatten Fleisch zu essen, aßen sie Maultaschen. Sie glaubten nämlich, dass Gott wegen des Teigs das Fleisch nicht sehen kann.

---

3 **Welche Sätze sind richtig? Kreuzen Sie die richtigen Antworten an. Vergleichen Sie mit Ihrer Partnerin / Ihrem Partner.**

☐ 1) Maultaschen sind immer mit Fleisch gefüllt.

☐ 2) In Norddeutschland isst man besonders gerne Maultaschen.

☐ 3) Es gibt Maultaschen schon seit 1700 Jahren in Deutschland.

☐ 4) Maultaschen stammen vermutlich aus Italien.

☐ 5) Man hat mit Maultaschen versucht Gott zu täuschen.

4 Welche Überschrift passt zu welchem Paragraphen? Suchen Sie die passenden Überschriften aus und weisen Sie ihnen A bis C zu. Vergleichen Sie das Ergebnis mit Ihrer Partnerin / Ihrem Partner.

Gott und die Maultaschen

Was sind Maultaschen?

Geschichte

5 Suchen Sie im Internet nach einem Rezept für das Gericht, welches Sie in Übung 1 gewählt hatten. Welche Zutaten braucht man dafür? Vergleichen Sie mit Ihrer Partnerin / Ihrem Partner.

1-05

6 **Hörübung**

a Hören Sie das Maultaschenrezept an und lesen Sie mit. Ordnen Sie A bis D in der richtigen Reihenfolge an.

Zutaten für 5 Personen	Zubereitung
• ½ kg Mehl	**A** Man serviert die Maultaschen entweder in einer klaren Brühe mit Schnittlauchröllchen oder man kann die Maultaschen in einer (1)_____ mit (2)_____ und 3)_____ anrösten.
• 1 TL Salz	
• 4 Ei(er)	
• 5 EL Wasser	
• ½ Pck. Rahmspinat (Tiefkühlrahmspinat)	**B** Man gibt die Maultaschen in kochendes Salzwasser und lässt sie ca. 10 Minuten gar ziehen. Dann spült man sie gut mit kaltem (4)_____.
• 250 g Hackfleisch, gemischt	
• 250 g Mett, besser Brät, wer es bekommt	**C** Man bereitet aus den ersten 4 Zutaten einen Nudelteig zu. Man (5)_____ die Zwiebel und den (6)_____ klein. Den aufgetauten (7)_____ gießt man ab und alles wird gut durchmischt und mit den Gewürzen abgeschmeckt.
• 1 Ei	
• 1 EL Paniermehl	
• ½ Zwiebel(n)	
• 100 g Schinken, Schwarzwälder Salz und Pfeffer, Muskat, Majoran, Petersilie	**D** Man teilt den (8)_____ in 3-4 Stücke und rollt ihn aus - am besten rechteckig. Die Fleischfüllung setzt man mit 2 (9)_____ häufchenweise in Abständen auf die Hälfte vom Teig, die andere Teighälfte (10)_____ man darüber und drückt den Teig zwischen den Häufchen gut an. Man trennt den Teig mit einem Teigrädchen in der Mitte der angedrückten Stelle ab und drückt die Ränder nochmal gut an.

-05

b Hören Sie den Text noch einmal an und füllen Sie die Lücken aus. Vergleichen Sie mit Ihrer Partnerin / Ihrem Partner.

Grammatik (不定代名詞 man) Indefinitpronomen man

ドイツ語の文には、いつも主語が必要です。主語 (行為を行う人) が文の中で重要な役割を果たさない
時は、不定代名詞の man (一般的な不特定な人) を使います。レシピの場合、「誰が」料理をするのか
は重要ではないので、主語に man が使われます。

kochen	→ er/sie kocht	→ man kocht
gehen	→ er/sie geht	→ man geht
braten	→ er/sie brät	→ man brät

Man brät das Fleisch ungefähr 5 Minuten lang. 肉を約 5 分焼く。

Hier darf **man** nicht rauchen. ここでタバコを吸ってはいけません。

7 Recherche

a Was kochen Sie gerne? Schreiben Sie ein Rezept dafür. Verwenden Sie „man" als
Subjekt.

b Lesen Sie Ihr Rezept in Ihrer Gruppe vor. Verraten Sie dabei nicht, um welches
Gericht es sich dabei handelt. Die Anderen in Ihrer Gruppe sollen erraten, welches
Gericht es ist.

Zutaten für ___ Personen	Zubereitung
• _____	_____
• _____	_____
• _____	_____
• _____	_____
• _____	_____

4

Lektion 2

Alkoholkonsum: Deutschland und Bier

1 Was für Vorstellungen haben Sie von Deutschland? Sprechen Sie mit Ihrer Partnerin / Ihrem Partner darüber.

-06

2 **Wortschatz** Was bedeuten die folgenden Wörter? Schlagen Sie diese in Ihrem Wörterbuch nach. Hören Sie sich die Aussprache an und üben Sie diese mit Ihrer Partnerin / Ihrem Partner.

| Bier | Wein | Schnaps | Sekt |

Getränk _____	erlauben _____	
Weltmeister _____	konsumieren _____	
Brauerei _____	verkaufen _____	
Menge _____	herstellen _____	
Geschmack _____	schätzen _____	
Vielfalt _____	stammen _____	
hochprozentig _____		

Deutschland und Bier

A _____

Woran denken Sie, wenn Sie an Deutschland denken? Vielleicht denken Sie an Wurst, Brot und Fußball. Aber am bekanntesten ist Deutschland vielleicht für sein Bier. Aber trinken die Deutschen denn wirklich so viel Bier?

B _____

Es stimmt, dass Deutschland eine besondere Beziehung zum Alkohol hat. In Deutschland darf man nämlich schon ab 16 Jahren Bier und Wein trinken. Hochprozentiger Alkohol wie Schnaps ist aber erst ab 18 Jahren erlaubt. Das ist außergewöhnlich, denn in den meisten Ländern (67%) darf man Alkohol erst ab 18 Jahren trinken. In 9 Prozent der Länder ist Alkohol sogar erst ab 20 Jahren erlaubt.

C _____

Das am meisten getrunkene alkoholische Getränk in Deutschland ist tatsächlich das Bier, denn 53 Prozent des konsumierten Alkohols wird als Bier getrunken. Aber trinken die Deutschen am meisten Bier auf der Welt? Nein, denn in Tschechien und Irland wird pro Kopf mehr Bier getrunken als in Deutschland. Was viele Menschen nicht wissen: Die Deutschen sind stattdessen Weltmeister im Sekt trinken.

D _____

Aber auf die Menge kommt es ja auch nicht an, schließlich ist ja bekannt, dass zu viel Alkohol ungesund ist. Viel wichtiger ist hingegen der Geschmack und die Vielfalt der Biere. Und in Deutschland gibt es mehr unterschiedliche Biere als in jedem anderen Land. Es gibt in Deutschland etwa 1500 Brauereien, wovon viele ihr Bier nur regional verkaufen. Da fast alle Brauereien mehrere Biersorten herstellen, schätzt man, dass es in Deutschland über 5000 verschiedene Biere gibt. Weltweit gibt es schätzungsweise zwischen 10.000 und 15.000 Biere, weshalb 30-50% aller Biersorten aus Deutschland stammen.

Ob die deutschen Biere auch gut schmecken, das muss jeder für sich selbst entscheiden, denn über Geschmack lässt sich bekanntlich nicht streiten*.

* Über Geschmack lässt sich nicht streiten.「蓼食う虫も好き好き」

---

3 **Welche Sätze sind richtig? Kreuzen Sie die richtigen Antworten an. Vergleichen Sie mit Ihrer Partnerin / Ihrem Partner.**

- ☐ 1) In Deutschland darf man ab 18 Jahren Bier trinken.
- ☐ 2) Der am meisten getrunkene Alkohol in Deutschland ist Bier.
- ☐ 3) Die Deutschen trinken am meisten Bier auf der Welt.
- ☐ 4) In Deutschland trinkt man ungern Sekt.
- ☐ 5) Die meisten Biersorten stammen aus Deutschland.

4 Welche Überschrift passt zu welchem Paragraphen? Suchen Sie die passenden Überschriften aus und weisen Sie ihnen A bis D zu. Vergleichen Sie das Ergebnis mit Ihrer Partnerin / Ihrem Partner.

Einleitung

In welchem Land trinkt man am meisten Bier?

Alkohol und Jugendliche

Biersorten in Deutschland

5 | Recherche

a Wie ist der Alkoholkonsum in Ihrem Heimatland oder in anderen Ländern? Recherchieren Sie mit Ihrer Partnerin / Ihrem Partner einen Text darüber.

b Präsentieren Sie Ihre Recherche in Ihrer Gruppe.

6 | Hörübung

1-11

a Kennen Sie das Münchner Oktoberfest? Hören Sie die Informationen über das Fest an und kreuzen Sie die richtigen Sätze an.

- ☐ 1) Das Oktoberfest findet jedes Jahr ca. 2 Wochen lang statt.
- ☐ 2) Während des Festes werden etwa 6 Millionen Liter Bier getrunken.
- ☐ 3) Auf dem Fest gibt es keine Attraktionen wie Achterbahnen.
- ☐ 4) Viele Frauen tragen auf dem Fest Lederhosen.
- ☐ 5) Ein Dirndl hat eine Schleife um die Hüfte.

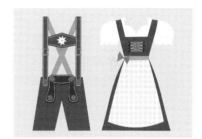

-11

b Wie soll man ein Dirndl tragen? Hören Sie den Text aus 6a noch einmal an und zeichnen Sie die passenden Schleifen. Vergleichen Sie mit Ihrer Partnerin / Ihrem Partner.

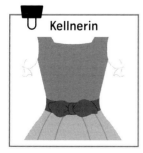

Kellnerin	unverheiratet	verheiratet / verlobt	Witwe

Grammatik　形容詞の格変化　Adjektivdeklination

(1) 冠詞 (類) なし形容詞 + 名詞

格	男性名詞	女性名詞	中性名詞	複数形
1	guter　Sekt	gute　Wurst	gutes　Bier	gute　Getränke
2	guten　Sekt(e)s	guter　Wurst	guten　Bier(e)s	guter　Getränke
3	gutem　Sekt	guter　Wurst	gutem　Bier	guten　Getränken
4	guten　Sekt	gute　Wurst	gutes　Bier	gute　Getränke

(2) 定冠詞 (類) + 形容詞 + 名詞

格	男性名詞	女性名詞	中性名詞	複数形
1	der　gute　Sekt	die　gute　Wurst	das　gute　Bier	die　guten　Getränke
2	des　guten　Sekt(e)s	der　guten　Wurst	des　guten　Bier(e)s	der　guten　Getränke
3	dem　guten　Sekt	der　guten　Wurst	dem　guten　Bier	den　guten　Getränken
4	den　guten　Sekt	die　gute　Wurst	das　gute　Bier	die　guten　Getränke

(3) 不定冠詞 (類) + 形容詞 + 名詞

格	男性名詞	女性名詞	中性名詞	複数形
1	ein　guter　Sekt	eine　gute　Wurst	ein　gutes　Bier	meine　guten　Getränke
2	eines　guten　Sekt(e)s	einer　guten　Wurst	eines　guten　Bier(e)s	meiner　guten　Getränke
3	einem　guten　Sekt	einer　guten　Wurst	einem　guten　Bier	meinen　guten　Getränken
4	einen　guten　Sekt	eine　gute　Wurst	ein　gutes　Bier	meine　guten　Getränke

---

7 **a** **Lesen Sie den Text „Deutschland und Bier" nochmal und füllen Sie die Lücken aus.**

1) eine besonder____ Beziehung zum Alkohol

2) 53 Prozent des konsumiert____ Alkohols

3) in jedem ander____ Land

4) die deutsch____ Biere

b **Wählen Sie aus den Zeichnungen eine Person aus und beschreiben Sie diese. Die Anderen in Ihrer Gruppe erraten, welche Person es ist.**

Alex　　Ralf　　Emanuel　　Thomas　　Michael　　Marco

Beispiel:　A: Der Mann trägt ein blaues T-Shirt und eine lange schwarze Hose.
　　　　　　 Er hat kurze rote Haare.
　　　　　B: Ist es Alex?
　　　　　A: Ja, richtig!

Der Maibaum

1 Kennen Sie Feste, die in Deutschland gefeiert werden? Sprechen Sie mit Ihrer Partnerin / Ihrem Partner darüber.

1-12

2 | **Wortschatz** — Was bedeuten die folgenden Wörter? Schlagen Sie diese in Ihrem Wörterbuch nach. Hören Sie sich die Aussprache an und üben Sie diese mit Ihrer Partnerin / Ihrem Partner.

Stadt	_____	beispielsweise	_____
Dorf	_____	üblicherweise	_____
stattfinden	_____	Baumstamm	_____
Frühling	_____	stehlen	_____
aufstellen	_____	ledig	_____
vermuten	_____	abschneiden	_____
sich um … handeln	_____		

Der Maibaum

A _____

Die meisten Städte und Dörfer haben einen zentralen Platz, auf dem beispielsweise Feste stattfinden. Wenn man im Frühling auf diese Plätze geht, sieht man dort vielerorts einen Maibaum stehen. Er wird üblicherweise am 1. Mai auf dem Dorfplatz aufgestellt und oft feiert man in dieser Zeit ein Dorf- bzw. Stadtfest.

Obwohl der Name „Maibaum" vermuten lässt, dass es sich hierbei um einen Baum handelt, ist das nicht ganz richtig, denn manchmal ist es auch nur ein langer Baumstamm. Maibäume können sehr unterschiedliche Formen haben, aber für gewöhnlich sind sie um die 20 Meter hoch. Es gibt aber auch höhere Maibäume, die sogar 40 bis 50 Meter hoch sein können. Diese sehr hohen Maibäume werden aber nicht jedes Jahr neu im Wald gefällt, sondern man verwendet diese mehrere Jahre lang.

Wie lange der Maibaum im Dorf steht ist unterschiedlich. Oft steht er bis zum Ende des Monats, aber manchmal steht er sogar bis in den Herbst. In Bayern bleiben manche Maibäume sogar das ganze Jahr stehen.

B _____

In vielen Dörfern gibt es eine lustige Tradition: Man versucht den Baum des Nachbardorfes zu stehlen. Wenn der Baum eines Dorfs gestohlen wird, muss das Dorf den Baum „freikaufen". „Freikaufen" bedeutet, dass man den Dieben Bier und Schnaps schenken muss, damit das Dorf den Baum zurück bekommt.

C _____

In manchen Regionen ist der Maibaum sogar ein Symbol der Liebe. Wenn ein lediger Mann eine ledige Frau liebt, kann er ihr einen kleinen Maibaum schenken. Diese kleinen Bäume nennt man „Liebesmaien".

Der Mann sucht einen schönen Baum im Wald und schneidet ihn ab. Dann hängt er eine „Liebesbotschaft" an den Baum. Den Baum stellt er vor dem Haus der Frau auf und nach einem Monat kommt der Mann wieder, um den Baum zu holen. Wenn die Frau ihn mag, gehen sie an diesem Tag zusammen essen.

In manchen Dörfern ist dieser Brauch etwas anders. Der Mann, der den Baum abholt, bekommt 3 Geschenke: Vom Vater der Frau bekommt der Mann einen Bierkasten geschenkt. Von der Mutter der Frau bekommt er einen Kuchen. Und von der Frau bekommt er einen Kuss geschenkt.

3 Welche Sätze sind richtig? Kreuzen Sie die richtigen Antworten an.

☐ 1) Maibäume sieht man in Deutschland nur im Mai.

☐ 2) Manche Maibäume sieht man in Bayern das ganze Jahr.

☐ 3) Manche Maibäume benutzt man mehrere Jahre lang.

☐ 4) „Freikaufen" muss man einen Baum oft mit Alkohol.

☐ 5) Liebesmaien gibt es in ganz Deutschland.

4 Welche Überschrift passt zu welchem Paragraphen? Suchen Sie die passenden Überschriften aus und weisen Sie ihnen A bis C zu. Vergleichen Sie das Ergebnis mit Ihrer Partnerin / Ihrem Partner.

Liebesmaien

Was ist ein Maibaum?

Das Maibaumstehlen

5 Sehen Sie sich die Fotos auf Seite 9 an. Wählen Sie ein Foto aus und beschreiben Sie das Foto in Ihrer Gruppe. Die Anderen in Ihrer Gruppe müssen erraten, um welches Foto es sich handelt.

Mein Baum ist sehr hoch. Er ist dick, dünn, blau-weiß gestreift…

Er hat Blätter, Fahnen, Kränze, Bänder, Figuren…

6 Hörübung

a Welches Land, glauben Sie, hat mehr Feiertage, Japan oder Deutschland? Besprechen Sie mit Ihrer Partnerin / Ihrem Partner.

b Feiertage: Hören Sie und kreuzen Sie die richtigen Antworten an.

1-16

☐ 1) An Feiertagen sind Schulen oder Arbeitsplätze immer geschlossen.

☐ 2) In Bayern gibt es die meisten Feiertage.

☐ 3) Es gibt neun Feiertage in Bayern.

c Wissen Sie, wann der Tag der Deutschen Einheit ist? Besprechen Sie mit Ihrer Partnerin / Ihrem Partner und schlagen Sie es anschließend im Internet nach.

7 Recherche

a Was für Feste gibt es in Ihrem Heimatland? Was machen Sie dabei? Schreiben Sie einen Text darüber.

b Lesen Sie Ihren Text aus 7a in Ihrer Gruppe vor. Die Anderen in Ihrer Gruppe erraten, welches Fest das ist.

A: Über das Fest freuen sich besonders kleine Kinder. Ein Elternteil trägt eine Dämonenmaske. Kinder bewerfen den Dämonen mit Bohnen…

B: Ist es Hinamatsuri?

C: Nein, es ist Setsubun, oder?

8 **a** Lesen Sie den Text „der Maibaum" nochmal und füllen Sie die Lücken aus.

1) Die meisten Städte und Dörfer haben einen zentralen Platz, _____ _____ beispielsweise Feste stattfinden.

2) Es gibt aber auch höhere Maibäume, _____ sogar 40 bis 50 Meter hoch sein können.

3) Der Mann, _____ den Baum abholt, bekommt 3 Geschenke.

Grammatik　　関係代名詞　　Relativpronomen

２つの文を１つの文にする時に、関係代名詞を使います。

Ich habe einen Hund. Der Hund wird nächsten Monat 10 Jahre alt.

→ Ich habe einen Hund, **der** nächsten Monat 10 Jahre alt wird.

主文と関係文はコンマで区切り、関係文の中の動詞は文末に置きます。関係代名詞の性・数は先行詞に合わせ、格は関係文の中の格を用います。関係代名詞は指示代名詞 der の変化に似ていますが、２格の時と複数形３格の時に異なる変化をします。また、前置詞＋関係代名詞の形をとる関係文もあります。

	男性名詞	女性名詞	中性名詞	複数形
1格	der	die	das	die
2格	dessen	deren	dessen	deren
3格	dem	der	dem	denen
4格	den	die	das	die

---

b **Gruppenübung :** Legen Sie einen Gegenstand in eine Tüte und geben Sie dabei eine kleine Erklärung über den Gegenstand. Die anderen Gruppenmitglieder merken sich, was die Person gesagt hat. Wenn alle in Ihrer Gruppe einen Gegenstand in die Tüte gelegt haben, ziehen alle Mitglieder einen Gegenstand aus der Tüte und beschreiben ihn mit einem Relativsatz.

Das ist mein Kugelschreiber. Ich habe ihn vor 2 Jahren in Deutschland gekauft.

Das ist der Kugelschreiber, den Hans vor 2 Jahren in Deutschland gekauft hat.

Lektion 4 / Fernsehen / Tatort

1 Haben Sie eine Lieblingssendung im Fernsehen oder Internet? Was für eine Sendung ist das? Erzählen Sie Ihrer Partnerin / Ihrem Partner davon.

2 Wortschatz Was bedeuten die folgenden Wörter? Schlagen Sie diese in Ihrem Wörterbuch nach. Hören Sie sich die Aussprache an und üben Sie diese mit Ihrer Partnerin / Ihrem Partner.

1-17

Fernsehsender	_____	Folge	_____
staatlich	_____	Film	_____
ähnlich	_____	Polizist	_____
regional	_____	Mörder	_____
laufen	_____	Angelegenheit	_____
empfangen	_____	Kneipe	_____
Tatort	_____		

Q NDR steht für Nord-Deutscher Rundfunk. Wofür könnten WDR, SWR, BR und MDR stehen? Besprechen Sie mit Ihrer Partnerin / Ihrem Partner. Suchen anschließend die Antworten im Internet.

WDR _____

SWR _____

BR _____

MDR _____

Fernsehen / Tatort

A

Die ältesten deutschen Fernsehsender sind ARD und ZDF. Beide Sender sind staatliche Sender, so ähnlich wie der japanische Sender NHK. ARD war der erste Fernsehsender in Deutschland und man nennt ihn oft *„das Erste"*. Das Logo der ARD ist deshalb eine Eins. ZDF steht für **Z**weites **D**eutsches **F**ernsehen und oft sagt man *„das Zweite"* dazu.

Es gibt auch *„das Dritte"*. Damit meint man einen regionalen Sender. In Norddeutschland ist es z.B. der NDR (**N**ord-**D**eutscher **R**undfunk). Neben dem NDR gibt es noch WDR, SWR, BR und MDR. Können Sie erraten was diese Abkürzungen bedeuten? Obwohl diese Sender regional sind, kann man sie im ganzen Land empfangen.

B

Eine sehr beliebte Fernsehsendung in Deutschland ist „der Tatort". Der Tatort läuft seit fast 50 Jahren jeden Sonntag um 20:15 Uhr in der ARD.

Bei einer Tatort Folge handelt es sich immer um einen etwa 90 Minuten langen Film, in dem üblicherweise 2 Polizisten einen Mörder suchen. Jede Woche spielt der Tatort in einer anderen Stadt. Zurzeit gibt es etwa 20 deutschsprachige Tatort-Städte und jede Tatort-Stadt hat ihre eigenen Polizisten. Die Polizisten einer Tatort-Stadt bleiben oft über viele Jahre dieselben. Zum Beispiel hatte die Stadt Ludwigshafen 29 Jahre lang dieselbe Polizistin.

C

Tatort schauen ist ein soziales Ereignis, denn den Tatort schaut man meist zusammen mit der ganzen Familie an. Wer keine Familie hat, lädt seine Freunde ein und schaut mit ihnen gemeinsam den Tatort. Es gibt auch Kneipen, in denen jeden Sonntag der Tatort gezeigt wird. Dort kann man zusammen raten, wer der Mörder ist. Raten darf man aber nur in den ersten 30 Minuten. Die Sieger dürfen oft ein kostenloses Bier trinken. Den Tatort kann man auch über das Internet anschauen. Dazu müssen Sie einfach nur auf die Internetseite der ARD gehen:

http://www.daserste.de/unterhaltung/krimi/tatort/

---

3 Welche Sätze sind richtig? Kreuzen Sie die richtigen Antworten an.

- ☐ 1) NDR und ZDF sind die ältesten deutschen Fernsehsender.
- ☐ 2) NDR kann man nur in Norddeutschland sehen.
- ☐ 3) Die Fernsehsendung „Tatort" läuft seit fast 50 Jahren.
- ☐ 4) „Tatort" ist eine Krimisendung.
- ☐ 5) Den „Tatort" sieht man sich meistens alleine an.

4 Welche Überschrift passt zu welchem Paragraphen? Suchen Sie die passenden Überschriften aus und weisen Sie ihnen A bis C zu. Vergleichen Sie das Ergebnis mit Ihrer Partnerin / Ihrem Partner.

Die deutschen Fernsehsender
„Tatort", ein soziales Erlebnis
Was ist „Tatort"?

5 | **Spiel** **Mord im Dunkeln:** Mord im Dunkeln ist ein Spiel, welches oft auf deutschen Kindergeburtstagen gespielt wird.

Spielanleitung: Es werden Zettel in der Anzahl der Mitspieler angefertigt. Auf einem der Zettel steht „Mörder", auf einem steht „Detektiv" und auf den restlichen Zetteln steht nichts. Die Zettel werden gefaltet, sodass man nicht sehen kann, was darauf steht. Alle ziehen einen Zettel und lesen, welche Rolle sie im Spiel haben. Keiner darf den anderen seine Rolle verraten. Der Detektiv beginnt seine Befragung der am Tatort befindlichen Personen. Er fragt jeden, was er soeben hier getan hat. Jeder erzählt sein Alibi z.B.: „Ich habe etwas getrunken und dann getanzt" oder „Ich habe mich unterhalten und auch etwas getanzt", … Danach beginnt eine zweite Befragungsrunde. Jeder Spieler wiederholt genau das gleiche Alibi. Nur der „Mörder" erzählt eine neue Version. Der Detektiv muss durch seinen Scharfsinn erkennen, wer der „Mörder" war.

Nun hat er den „Mord" aufgeklärt und eine neue Runde mit neuen Rollen kann beginnen.

Lass uns in der Gruppe „Mord im Dunkeln" spielen!

6 | **Hörübung**

Hören Sie und überlegen Sie, wer der „Mörder" war. Besprechen Sie mit Ihrer Partnerin / Ihrem Partner.

Hanna   Luca   Emma   Mia   Leo

7 **a** Lesen Sie den Text „Fernsehen / Tatort" nochmal und ordnen Sie die Wörter.

1) regional / diese Sender / sind / obwohl / man / sie / empfangen / kann / im ganzen Land

   ➡ _____

2) jeden Sonntag / es gibt / in denen / Kneipen / gezeigt wird / auch / der Tatort

   ➡ _____

Grammatik　従属の接続詞　Unterordnende Konjunktionen

従属の接続詞には以下のようなものがあります。

　wenn ～するとき、もし～ならば　als ～したとき　nachdem ～した後　bis ～まで

　weil ～なので　obwohl ～にもかかわらず　dass ～ということ　ob ～かどうか　など

1) 主文と副文はコンマで区切り、副文の中の定動詞は文末に置きます。副文と主文の順番によって、主文内の語順が変わります。
   - **副文＋主文** Wenn es schneit, fahren wir Ski.　雪が降ったらスキーをします。
   - **主文＋副文** Wir fahren Ski, wenn es schneit.

2) 話法の助動詞や現在完了形が副文の中にある場合、以下のような語順になります。
   話法の助動詞
   - **主文＋副文** Ich möchte nicht ans Meer fahren, weil ich nicht schwimmen kann.
     私は泳げないので、海に行きたくありません。
   - **副文＋主文** Weil ich nicht schwimmen kann, möchte ich nicht ans Meer fahren.
   現在完了形
   - **主文＋副文** Es hat geregnet, als ich aufgestanden bin. 私が起きた時、雨が降っていた。
   - **副文＋主文** Als ich aufgestanden bin, hat es geregnet.

---

b Wählen Sie drei Konjunktionen aus der vorigen Tabelle aus und bilden Sie jeweils einen Satz damit. Schreiben Sie diese auf einen Zettel und zerschneiden sie diese so, dass Haupt- und Nebensätze getrennt sind. Ihre Partnerin / Ihr Partner muss aus der Satzteilen wieder die richtigen Sätze bilden.

Wenn es schneit,

fahren wir Ski.

---

8 Wählen Sie eine japanische Fernsehsendung und schreiben Sie einen Text, welcher diese Sendung beschreibt. Lesen Sie den Text in Ihrer Gruppe. Ihre Gruppenmitglieder raten, welche Sendung es ist.

Beispiel　A: Es gibt einen blauen Roboter. Er sieht wie eine Katze aus. Der Roboter wohnt mit einem Jungen zusammen und hilft ihm…

　　　　　B: Oh, ist es der Anime Dorae…?

　　　　　A: Ja, richtig!

Märchen: Das Sandmännchen

1 Hatten Sie als Kind ein Lieblingsmärchen oder eine Lieblingsgeschichte? Was für ein Märchen oder eine Geschichte war das? Erzählen Sie Ihrer Partnerin / Ihrem Partner davon.

1-23

2 **Wortschatz** Was bedeuten die folgenden Wörter? Schlagen Sie diese in Ihrem Wörterbuch nach. Hören Sie sich die Aussprache an und üben Sie diese mit Ihrer Partnerin / Ihrem Partner.

Schlafsand	_____	vermutlich	_____
Sandmann	_____	streuen	_____
Folge	_____	Lied	_____
DDR	_____	am Anfang	_____
ausstrahlen	_____	bitten	_____
Ablauf	_____	Wiedervereinigung	_____
Tränenflüssigkeit	_____	feucht	_____
reiben	_____	verhindern	_____

Q Wissen Sie, wie die folgenden Geschichten von Grimms Märchen auf Japanisch heißen? Besprechen Sie mit Ihrer Partnerin / Ihrem Partner. Schlagen Sie anschließend im Wörterbuch nach.

1) Dornröschen
2) Der Froschkönig
3) Rotkäppchen

4) Die Bremer Stadtmusikanten
5) Schneewittchen

Das Sandmännchen

A _____

Wenn Sie morgens aufwachen und sich die Augen reiben, werden Sie vermutlich etwas Schlafsand in den Augen finden. Natürlich ist Schlafsand kein echter Sand, aber haben Sie sich je gefragt, woher dieser Schlafsand kommt? In Deutschland glauben Kinder, dass der Schlafsand vom Sandmann gebracht wird. Der Sandmann streut Kindern Sand in die Augen, damit sie schöne Träume haben. Das Märchen *„Ole Lukøje"* vom dänischen Schriftsteller Hans Christian Andersen ist von dieser Legende inspiriert.

 1-25

B _____

Die meisten Kinder kennen den Sandmann aber nicht aus Märchen, sondern aus dem Fernsehen. Jeden Abend um 18:50 Uhr kommt nämlich das Fernsehprogramm „Unser Sandmännchen". „Unser Sandmännchen" ist eine Kindersendung, die den Kindern eine kurze Geschichte erzählt, bevor sie ins Bett gehen. Die erste Folge wurde am 22. November 1959 im DDR Fernsehen ausgestrahlt. Jede Folge hat denselben Ablauf: Am Anfang kommt das Sandmännchenlied. In diesem Lied singen die Kinder zum Sandmännchen und bitten ihn noch zu warten, weil es noch zu früh zum Schlafen ist. Danach kommt der „Abendgruß", eine Gutenachtgeschichte. Nach der Geschichte singt das Sandmännchen zu den Kindern, dass es Zeit zu schlafen ist. Er streut ihnen Sand in die Augen und alle Kinder schlafen ein.

Das Sandmännchen ist eine Puppe, die aufwändig mittels Stop-Motion animiert wird. Die Sendung war in Ostdeutschland sehr beliebt und darum wurde auch in Westdeutschland ein eigenes Sandmännchen produziert. Seit der Wiedervereinigung Deutschlands wird in ganz Deutschland das Ost-Sandmännchen ausgestrahlt.

 1-26

C _____

> *Kinder: Sandmann, lieber Sandmann*
> *es ist noch nicht so weit*
> *wir sehen erst den Abendgruß*
> *ehe jedes Kind ins Bettchen muss*
> *du hast gewiss noch Zeit.*

> *Sandmann: Kinder, liebe Kinder*
> *es hat mir Spaß gemacht*
> *nun schnell ins Bett und schlaft recht schön*
> *dann will auch ich zur Ruhe gehen*
> *ich wünsch euch Gute Nacht*

Übrigens, der wahre Grund weshalb wir morgens Schlafsand in den Augen haben ist Folgender: Unser Auge muss immer feucht gehalten werden, deshalb produziert unser Auge die Tränenflüssigkeit. Damit die Tränenflüssigkeit nicht so schnell austrocknet, produziert das Auge auch ein Öl, welches das Austrocknen verhindert. In der Nacht sammelt sich dieses Öl an und trocknet, wodurch der Schlafsand entsteht.

3 Welche Sätze sind richtig? Kreuzen Sie die richtigen Antworten an.

☐ 1) Der Sandmann streut den Kindern Sand in die Augen.

☐ 2) Es gibt ein deutsches Märchen, das vom Sandmann inspiriert ist.

☐ 3) Im Fernsehen kommt der Sandmann einmal pro Woche um 18:50 Uhr.

☐ 4) Das Sandmännchen konnte man zuerst in Ostdeutschland sehen.

☐ 5) Bis heute gibt es ein ost- und ein westdeutsches Sandmännchen.

4 Welche Überschrift passt zu welchem Paragraphen? Suchen Sie die passenden Überschriften aus und weisen Sie ihnen A bis C zu. Vergleichen Sie das Ergebnis mit Ihrer Partnerin / Ihrem Partner.

Das Sandmännchenlied

Schlafsand

Unser Sandmännchen

Grammatik 過去形 Präteritum

現在完了形と過去形はともに過去の出来事を表現する際に用いられますが、日常会話では主に現在完了形が、物語や新聞などの書き言葉では過去形が用いられます。ただし、以下のような動詞では、会話文の中でも過去形が使われることが多いです。

sein (〜ある、いる)　haben (持っている)　werden (〜になる)

話法の助動詞 (können, müssen, dürfen, mögen, wollen, sollen)

geben (ある)　stehen (ある、立っている)　wissen / kennen (知っている)

denken / meinen / finden (思う)

過去人称変化

主語に合わせて過去基本形に語尾を付けます。現在人称変化の時とほとんど同じですが、1 人称単数 (ich) と 3 人称単数 (er/es/sie) の時には語尾がつきません。

例）話法の助動詞 können

ich konnte, du konntest, er/es/sie konnte, wir konnten, ihr konntet, sie/Sie konnten

5 **Märchen Schreiben**

a Schreiben Sie den Satz im Präteritum, dann lesen Sie nochmal den letzten Satz von Paragraph B.

Die Sendung ist in Ostdeutschland sehr beliebt und darum wird auch in Westdeutschland ein eigenes Sandmännchen produziert.

b Jede Person in Ihrer Gruppe wählt eine Geschichte von A-G und führt diese um 2-3 Sätze im Präteritum fort. Dann werden die Zettel getauscht und ein anderes Gruppenmitglied führt die Geschichte fort. Nachdem Ihre Geschichte von allen in der Gruppe fortgeführt wurde, lesen Sie sie in Ihrer Gruppe vor.

	Geschichte	Anfangssätze
A	Tim und Sarah im Wald	Tim und Sarah gingen mit ihrem Hund Bello spazieren. Plötzlich roch Bello etwas. Der Hund folgte dem Geruch und führte die beiden Geschwister in einen Wald…
B	Der Drache	König Ludwig und seine Königin waren sehr traurig. Ihre liebe Tochter Eleonore war verschwunden. Sie baten den Ritter Gustav um Hilfe…
C	Taro	Taro ging am Strand spazieren. Da sah er, wie ein paar Kinder eine Schildkröte schlugen. Taro half der Schildkröte...
D	Herr Ribbeck	Wie jeden Tag ging der alte Herr Ribbeck in seinen Garten und schaute seinen großen Birnbaum an. Der Baum hatte viele Birnen. Da kamen ein paar Kinder vorbei ...
E	Astronauten	Die JAXA Rakete startete von der Erde, um auf dem Jupitermond „Europa" zu landen. Doch die Reise dauerte lange und während des Fluges wurde den Astronauten sehr langweilig…
F	Der Zoo	Robert arbeitete im Zoo. Jeden Tag brachte er den Affen das Essen und danach machte er Pause. Nach der Pause sah er, dass die Tür zum Affenkäfig geöffnet war. Alle 12 Affen waren verschwunden...
G	Der reiche Mann	Herr Schneider saß in seinem Wohnzimmer und las Zeitung. Plötzlich klingelte das Telefon. Die Frau am Telefon sagte ihm: „Herzlichen Glückwunsch! Sie haben 10 Millionen Euro gewonnen!"...

🎧 1-27 **6** **Hörübung** **Märchen**

Hören Sie und kreuzen Sie die richtigen Antworten an. Korrigieren Sie falsche Sätze.

- ☐ 1) Hans Christian Andersen ist ein Schriftsteller aus Deutschland.
- ☐ 2) „Die kleine Meerjungfrau" ist ein Märchen von Andersen.
- ☐ 3) Grimms Märchen wurden von 1812 bis 1885 herausgegeben.
- ☐ 4) Grimms Märchen ist die in die meisten Sprachen übersetzte Literatur der Welt.

Berufe: Schornsteinfeger

1 Hatten Sie einen Traumberuf als Kind? Welcher war es und warum? Besprechen Sie mit Ihrer Partnerin / Ihrem Partner.

1-28

2 **Wortschatz** Was bedeuten die folgenden Wörter? Schlagen Sie in Ihrem Wörterbuch nach. Hören Sie sich die Aussprache an und üben Sie diese mit Ihrer Partnerin / Ihrem Partner.

Werkzeug	_____
Schornsteinfeger / Kaminfeger	_____
Ofen	_____
giftig	_____
Heizung	_____
Stockwerk	_____
Rauch	_____
entweichen	_____

stören	_____
ablagern	_____
Ruß	_____
verstopfen	_____
Mittelalter	_____
Brand	_____
regelmäßig	_____

Q **Glücksbringer:** Schornsteinfeger, sowie die Dinge die unten aufgelistet sind, werden als Glücksbringer bezeichnet. Gibt es Glücksbringer in Ihrem Heimatland? Haben Sie einen Glücksbringer? Erzählen Sie Ihrer Gruppe davon.

Glücksbringer in Deutschland

das vierblättrige Kleeblatt

das Hufeisen

der Glückspilz

der Marienkäfer

Schornsteinfeger

A

Besonders im Sommer sieht man in Deutschland gelegentlich Menschen, die ganz in schwarz gekleidet sind. Diese Personen tragen komisches Werkzeug und ihre Kleidung ist oft schmutzig. Außerdem tragen sie oft lustige Hüte. Was, denken Sie, sind das für Leute?

Bei diesen Menschen handelt es sich um Schornsteinfeger (auch Kaminfeger genannt). Ihre Aufgabe ist das Putzen von Schornsteinen und zu kontrollieren, ob ein Ofen zu viele giftige Gase produziert. Und weil im Sommer niemand seine Heizung braucht, arbeiten Schornsteinfeger meist im Sommer.

B

Früher haben die Menschen in Häusern ohne Schornstein mit Feuer geheizt und gekocht. Aber als vor etwa 1000 Jahren Häuser mit zwei Stockwerken gebaut wurden, wurde der Rauch in den oberen Stockwerken zu einem Problem. Deshalb hat man Schornsteine erfunden. Durch Schornsteine kann der Rauch oben aus dem Haus entweichen, ohne die Menschen zu stören.

C

Aber Schornsteine können sehr gefährlich sein. Mit der Zeit lagert sich nämlich der Ruß des Feuers im Schornstein ab. Dadurch kann der Schornstein verstopfen. Außerdem kann Ruß anfangen zu brennen, wenn er zu heiß wird. Wenn ein Schornstein brennt, kann er so heiß werden, dass das ganze Haus anfängt zu brennen. In den engen Städten des Mittelalters waren solche Brände sehr gefährlich. Deshalb musste jeder seinen eigenen Schornstein regelmäßig putzen.

Einen Schornstein ohne spezielles Werkzeug zu putzen ist aber schwer, weil Schornsteine sehr lang und eng sind. Früher wurde diese Arbeit deshalb oft von Kindern gemacht, die in den Schornstein klettern mussten. Später wurden diese Kinder aber glücklicherweise von professionellen Schornsteinfegern ersetzt.

Dank der professionellen Schornsteinfeger gab es weniger Brände in den Städten. Aus diesem Grund galten Schornsteinfeger als Glücksbringer. Noch heute berühren einige Leute die Kleidung der Schornsteinfeger, weil sie glauben dass es Glück bringt.

---

3 | Welche Sätze sind richtig? Kreuzen Sie die richtigen Antworten an.

- ☐ 1) Schornsteinfeger bauen Schornsteine und Öfen.
- ☐ 2) Schornsteinfeger sieht man oft im Winter, wenn die Leute ihre Öfen benutzen.
- ☐ 3) Wenn ein Schornstein nicht geputzt wird, ist das sehr gefährlich.
- ☐ 4) Kinder haben früher häufig Schornsteine geputzt.
- ☐ 5) Man sagt, dass es Glück bringt, Schornsteinfeger zu berühren.

4 Welche Überschrift passt zu welchem Paragraphen? Suchen Sie die passenden Überschriften aus und weisen Sie ihnen A bis C zu. Vergleichen Sie das Ergebnis mit Ihrer Partnerin / Ihrem Partner.

Gefahren

Schornsteinfeger

Geschichte der Schornsteinfeger

5 Spiel

a Kennen Sie Namen anderer Berufe auf Deutsch? Sammeln Sie Wörter in Ihrer Gruppe und schreiben Sie diese auf.

b **Wer bin ich?:** Schreiben Sie einen Beruf aus 5a auf ein Papier und falten Sie es zu einem Namensschild. Stellen Sie den Zettel vor Ihren linken Nachbarn, damit Ihr Nachbar als einziges nicht lesen kann, was darauf steht. Ihr Nachbar muss nun den Beruf erraten, indem er die Gruppe befragt. Antworten dürfen nur aus „Ja" oder „Nein" bestehen. Wenn die Antwort „Ja" lautet, darf eine weitere Frage gestellt werden, ansonsten ist die nächste Person dran.

- Ist das körperliche Arbeit / geistige Arbeit?
- Arbeite ich draußen?
- Arbeite ich mit Menschen?
- Trage ich eine Uniform?
- Helfe ich Menschen?
- Ist mein Job gefährlich?
- Arbeite ich am Computer?
- Verdiene ich viel / wenig?

1-32

6 Hörübung **Unglückszeichen**

Hören Sie und beantworten Sie die Fragen.

1) Wann hat Anna Geburtstag?
2) Wo macht Anna Urlaub?
3) Wie lange macht Anna Urlaub?
4) Um wie viel Uhr fliegt das Flugzeug von Anna ab?
5) Welche Unglückszeichen hat Anna erlebt?

7 **a** Lesen Sie den Text nochmal und ordnen Sie die folgenden Sätze.

1) zu / das Putzen / kontrollieren / ist / und / ihre Aufgabe / von Schornsteinen, ob ein Ofen zu viele giftige Gase produziert.
2) Durch Schornsteine kann der Rauch oben aus dem Haus, zu / die Menschen / ohne / stören.
3) zu / anfangen / außerdem / Ruß / brennen / kann, wenn er zu heiß wird.
4) zu / ohne / einen Schornstein / spezielles Werkzeug / putzen ist aber schwer, weil Schornsteine sehr lang und eng sind.

Grammatik　zu 不定詞　zu + Infinitiv

zu 不定詞は英語の to 不定詞にあたります。ただし英語とは異なり、ドイツ語では zu 不定詞を不定詞句の最後に置きます。zu 不定詞句には以下のような用法があります。

・名詞的用法：「～すること」

Deutsch zu lernen macht mir Spaß. ドイツ語を学ぶことは楽しいです。

Es macht mir Spaß, **Deutsch zu lernen**.

Außerdem kann Ruß **anfangen zu brennen**. その上、煤は燃えはじめかねない。

・形容詞的用法：「（名詞にかかって）～する」

Hast du Lust, **ins Kino mitzukommen**? 一緒に映画館に行く気はある？

・副詞的用法：前置詞とともに用いて動詞にかかる

Ich kann das Lied singen, **ohne** den Text **zu sehen**. 私は歌詞を見ずにその歌を歌える。

Er fährt nach Kyoto, **um** seine Eltern **zu besuchen**. 彼は両親を訪ねるために京都に行く。

Beim Abschied hat sie gelächelt, **statt zu weinen**. 別れ際、彼女は泣く代わりに微笑んだ。

・その他の用法

haben + zu 不定詞「～しなければならない」

Ich **habe** Hausaufgaben **zu machen**. 私は宿題をしなければならない。

sein + zu 不定詞「～できる」

Viele Sterne **sind** heute **zu sehen**. 今日はたくさんの星が見える。

---

b Schreiben Sie 3 Sätze mit *zu + Infinitiv* auf einen Zettel. Dann zerschneiden Sie die Sätze zu einzelnen Wörtern. Tauschen Sie die Wörter mit Ihrer Partnerin / Ihrem Partner. Ordnen Sie die Wörter nun wieder zu den richtigen Sätzen. Ihre Partnerin / Ihr Partner überprüft es anschließend.

c Schreiben Sie Antworten zu den Fragen mit *zu + Infinitiv*. Führen Sie dann gegenseitig Interviews mit Ihrer Partnerin / Ihrem Partner.

1) Was haben Sie am Wochenende vor? ⇒ _____

2) Was möchten Sie dieses Jahr neu anfangen? ⇒ _____

3) Was macht Ihnen Spaß? ⇒ _____

4) Worauf haben Sie Lust, wenn es warm ist? ⇒ _____

5) Was ist wichtig beim Deutsch lernen? ⇒ _____

6) Wovor haben Sie Angst? ⇒ _____

7) Was vergessen Sie oft? ⇒ _____

Gesellschaftsspiele

Lektion 7

1 Was für Gesellschaftsspiele haben Sie schon mal gespielt? Welches Spiel mögen Sie? Sprechen Sie mit Ihrer Partnerin / Ihrem Partner.

2 **Wortschatz** Was bedeuten die folgenden Wörter? Schlagen Sie diese in Ihrem Wörterbuch nach. Hören Sie sich die Aussprache an und üben Sie diese mit Ihrer Partnerin / Ihrem Partner.

1-33

Wahrscheinlichkeit	_____	Spieler	_____
Überbegriff	_____	verlieren	_____
Kartenspiel	_____	siegen	_____
hauptberuflich	_____	unentschieden	_____
Erfinder	_____	Verlust	_____
Verpackung	_____	Sieg	_____
verabreden	_____	Runde	_____
erlernen	_____		
Erwachsene	_____		
Jahrhundert	_____		
Mitte	_____		
Erscheinen	_____		

Brettspiel

Gesellschaftsspiele

1-34 **A** _____

Was macht eine Familie mit Kindern bei schlechtem Wetter an einem Wochenende? In Deutschland ist die Wahrscheinlichkeit hoch, dass sie ein Gesellschaftsspiel spielt. Bekannte Gesellschaftsspiele sind beispielsweise *Monopoly*, *Risiko* oder *Scrabble*. Zwar gibt es Gesellschaftsspiele auf der ganzen Welt, aber in Deutschland werden Gesellschaftsspiele ganz besonders gern gespielt.

„Gesellschaftsspiel" ist ein Überbegriff für viele verschiedene Arten von Spielen, die man mit zwei oder mehr Spielern spielen kann. Außerdem spielt man Gesellschaftsspiele normalerweise an einem Tisch, so sind alle Brett- und Kartenspiele auch immer Gesellschaftsspiele. Fußball ist natürlich kein Gesellschaftsspiel.

1-35 **B** _____

Gesellschaftsspiele gibt es auf der ganzen Welt und sie existieren auch schon sehr lange. In Ägypten wurde ein Brettspiel gefunden, welches über 2600 Jahre alt ist. Dagegen sind die meisten Spiele aber vergleichsweise neu und wurden erst ab Mitte des 20. Jahrhunderts erfunden. Bis heute steigt die Anzahl an Gesellschaftsspielen jedes Jahr an. Allein in Deutschland werden jedes Jahr ungefähr 350 neue Brettspiele erfunden—das ist mehr als in jedem anderen Land der Welt.

1-36 **C** _____

Deutsche Gesellschaftsspiele werden oft von hauptberuflichen Spieleerfindern entwickelt. Der Name des Erfinders steht auch meist auf der Spieleverpackung. Wie bei einem Buch sind die „Autoren" der Spiele bekannt, deshalb nennt man diese Spiele Autorenspiele. Und wie bei einem Buch haben Spieleautoren oft Fans, die immer die neuen Spiele des Autors kaufen.

In Deutschland spielen übrigens nicht nur Familien mit ihren Kindern, sondern auch Erwachsene spielen mit ihren Freunden Gesellschaftsspiele. Oft verabredet man sich dafür zu einem „Spieleabend".

1-37 **D** _____

Das bekannteste Gesellschaftsspiel in Deutschland ist wahrscheinlich „Mensch ärgere Dich nicht". „Mensch ärgere Dich nicht" ist ein Spiel für zwei bis sechs Personen und 1908 erschienen. Die Regeln sind sehr einfach, also können sie auch von kleinen Kindern leicht erlernt werden. Der Name des Spiels ist passend, denn bei diesem Spiel passiert es manchmal, dass man kurz vor dem Sieg steht, und dann verliert. Weitere beliebte Spiele sind z.B. *Die Siedler von Catan, Kniffel, Das verrückte Labyrinth*, und viele viele mehr.

Wenn Sie auch mal Lust haben, ein Gesellschaftsspiel zu spielen, bringen Sie doch einfach eines zum nächsten Familienfest mit!

3 Welche Sätze sind richtig? Kreuzen Sie die richtigen Antworten an.

- ☐ 1) In Deutschland spielt man Gesellschaftsspiele sehr gerne.
- ☐ 2) Poker ist ein Gesellschaftsspiel
- ☐ 3) Brettspiele gibt es erst seit der Mitte des 20. Jahrhunderts.
- ☐ 4) Der Name des Autors steht oft auf der Packung von Autorenspielen.
- ☐ 5) „Mensch ärgere Dich nicht" ist sehr beliebt, aber auch sehr schwer zu erlernen.

4 Welche Überschrift passt zu welchem Paragraphen? Suchen Sie die passenden Überschriften aus und weisen Sie ihnen A bis D zu. Vergleichen Sie das Ergebnis mit Ihrer Partnerin / Ihrem Partner.

Geschichte

Gesellschaftsspiele in Deutschland

Was genau ist ein Gesellschaftsspiel?

Mensch ärgere Dich nicht

5 **a** Lesen Sie den Text nochmal und ordnen Sie die folgenden Sätze.

1) Außerdem spielt man Gesellschaftsspiele normalerweise an einem Tisch, <u>sind / alle / Gesellschaftsspiele / Brett- und Kartenspiele / auch / so / immer</u>.
2) In Ägypten wurde ein Brettspiel gefunden, welches über 2600 Jahre alt ist. <u>neu / sind / meisten Spiele / dagegen / die / aber vergleichsweise</u>.
3) Wie bei einem Buch sind die „Autoren" der Spielen bekannt, <u>nennt / Autorenspiele / man / diese Spiele / deshalb</u>.
4) Die Regeln sind sehr einfach, <u>werden / erlernt / leicht / von kleinen Kindern / können / also / auch / sie</u>.

Grammatik 接続詞的副詞 / 副詞的接続詞 **Konjunktionaladverbien**

副詞の中で、接続詞的な用いられ方をするものを接続詞的副詞、あるいは副詞的接続詞と言います。以下のようなものがあります。

also したがって、つまり　so それならば　dann それから　trotzdem にもかかわらず
deshalb / deswegen / daher だから、そういうわけで　auch ～もまた
sonst そうでなければ　dagegen それに対して　　など

文頭に置かれる場合は、接続詞的副詞 / 副詞的接続詞の直後に動詞がきます。従属の接続詞や並列の接続詞と語順が異なります。他の接続詞と混同しやすいので注意しましょう。

b Wählen Sie drei Konjunktionaladverbien aus der Liste und schreiben Sie damit jeweils einen Satz auf einen Zettel. Dann zerschneiden Sie den Zettel zu einzelnen Wörtern und tauschen die Wörtern mit Ihrer Partnerin / Ihrem Partner. Ordnen Sie die Worte zurück in ihre ursprünglichen Sätze.

🎧 6 | Hörübung Stadt-Land-Fluss
1-38

a Hören Sie sich die Spielregeln des Spiels „Stadt-Land-Fluss" an und füllen Sie die Lücken aus. Vergleichen Sie mit Ihrer Partnerin / Ihrem Partner.

Spielregeln

Spiel: Stadt-Land-Fluss ist ein Spiel, (   ) (   ) man (   ) aufschreiben muss. In jeder Runde wird ein (   ) genannt. Man muss dann zu jeder Kategorie ein Wort finden, welches mit diesem Buchstaben anfängt. Wenn jemand ein Wort in jeder Kategorie gefunden hat, (   ) er „Stopp!" und alle anderen hören auf zu schreiben.

Vorbereitung: Zu Beginn des Spiels einigt man sich auf etwa fünf bis zehn Kategorien. Üblicherweise sind davon drei Kategorien Stadt, Land und Fluss, aber das ist nicht zwingend (   ). Die Kategorien werden nebeneinander auf ein Blatt Papier (   ), sodass jede Spalte eine Kategorie (   ).

Punkteverteilung: (   ) (   ) sagt, was er bei der jeweiligen Kategorie herausgefunden hat und wenn kein anderer Spieler dasselbe Wort hat, bekommt man 10 Punkte. 5 Punkte bekommt man, wenn mehr als 2 Spieler dasselbe Wort haben. Wenn man kein Wort gefunden hat, bekommt man 0 Punkte. Am Ende werden alle Punkte (   ).

---

b Lass uns „Stadt-Land-Fluss" spielen!

Anfangsbuchstaben	Stadt	Land	Fluss	Lebensmittel	Beruf	Verben	Punkte
M	München	Marokko	Main	Mais	Maurer	melden	

Gesamtpunkte: _____

7 | Lass uns ein Würfelspiel spielen!
Für das Spiel auf den Klappenseiten benötigen Sie einen Würfel und eine Spielfigur. Als Spielfigur können Sie beispielsweise einen Radiergummi oder ähnliches verwenden. Wer zuerst im Ziel ankommt hat gewonnen!

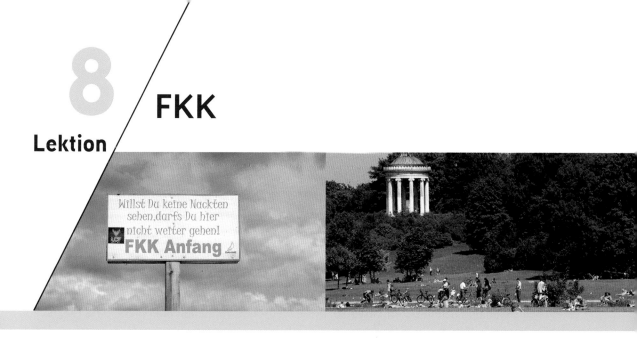

8 Lektion / FKK

Willst Du keine Nackten sehen,darfs Du hier nicht weiter gehen! FKK Anfang

---

1 Mögen Sie an den Strand fahren oder in den Park gehen? Was machen Sie dort oder was möchten Sie dort machen? Sprechen Sie mit Ihrer Partnerin / Ihrem Partner.

2-01

2 Wortschatz Was bedeuten die folgenden Wörter? Schlagen Sie diese in Ihrem Wörterbuch nach. Hören Sie sich die Aussprache an und üben Sie diese mit Ihrer Partnerin / Ihrem Partner.

Freikörperkultur	_____	Gleichheit	_____
Öffentlichkeit	_____	bequem	_____
laut einer Studie	_____	Verein	_____
jeder dritte Deutsche	_____	Strand	_____
Weltmeister	_____	beschweren	_____
es handelt sich um ...	_____	erlauben	_____
Schwimmbad	_____	stolz	_____
Tätigkeit	_____	Gewässer	_____
Pervers	_____	absichtlich	_____
Sexualität	_____	stören	_____
Freiheit	_____	Strafe	_____

FKK

A _____

FKK steht für Freikörperkultur und bedeutet „das nackt sein von Männern und Frauen in der Öffentlichkeit". Laut einer Studie aus dem Jahr 2014 war jeder dritte Deutsche schon einmal nackt in der Öffentlichkeit. Damit ist Deutschland „Weltmeister" im nackt sein. Bei FKK handelt es sich meistens um das Nacktbaden in Seen, am Meer oder in Schwimmbädern, aber auch andere Tätigkeiten wie Nacktwandern, nackt Fahrrad fahren oder nackt reiten gehören zur Freikörperkultur. Im Jahr 2009 gab es sogar den ersten „Nacktrodelwettbewerb*".

B _____

Viele Menschen sind schockiert, wenn sie zum ersten Mal nackte Menschen im Park oder an einem See sehen und halten sie für Perverse. Diese Menschen verstehen aber nicht, dass FKK nichts mit Sexualität zu tun hat, sondern ein Symbol von Freiheit und Gleichheit ist. In einer Gruppe von FKKlern gibt es keine teure Kleidung, keine Mode, keine reichen und armen Menschen... alle sind einfach nur Menschen. Ein weiterer wichtiger Grund: Nackt zu baden ist angeblich bequemer.

C _____

1898 entstand in Essen der erste FKK-Verein. Um 1900 wurde FKK auch in Berlin und an Nord- und Ostsee immer beliebter. In dieser Zeit war gemeinsames Baden – auch mit Badekleidung – aber verboten, weil es unmoralisch war. Schon im Jahre 1913 gab es über 50 FKK Vereine. Und 1920 entstand in Deutschland der erste offizielle Nacktbadestrand auf der Insel Sylt. In der Nazi-Zeit wurde FKK verboten. Aber nachdem viele Menschen (darunter auch wichtige Politiker und Generäle) sich beschwert hatten, wurde FKK wieder erlaubt. In der Nazi-Zeit durfte man dann FKK betreiben, um „stolz den arischen Körper" zu zeigen. Später war besonders in der DDR das Nacktbaden an Seen und Gewässern sehr weit verbreitet. In West-Deutschland wurde FKK erst in den 1970er Jahren wieder sehr beliebt.

D _____

In Deutschland ist öffentliche Nacktheit nicht verboten, aber es kommt auf die Motivation an. Wenn man sexuell motiviert ist, oder andere Leute absichtlich damit stören möchte, muss man eine Strafe zahlen. Wenn man aber einfach nur nackt ist, dann ist es nicht verboten. Damit es aber weniger Probleme gibt, haben viele Städte spezielle FKK Bereiche, z.B. im „Englischen Garten" in München. Im eigenen Haus und Garten darf man aber immer nackt sein, selbst wenn sich die Nachbarn beschweren.

E _____

FKK ist auch heute noch beliebt, aber die FKKler sind nicht mehr in speziellen Vereinen, sondern gehen meistens einfach an spezielle FKK Strände und Seen. Jedes Jahr reisen etwa 10 Millionen Deutsche in den Urlaub, um FKK zu machen. Vor allem Frankreich und Kroatien sind beliebte Reiseziele, an denen es viele FKK Strände gibt.

*Nacktrodelwettbewerb 裸のリージュ（小型のそり）大会

3 Welche Sätze sind richtig? Kreuzen Sie die richtigen Antworten an.

☐ 1) Die Mehrheit der Deutschen war schon einmal in der Öffentlichkeit nackt.

☐ 2) Unter FKK fasst man viele Aktivitäten zusammen, die man nackt betreibt.

☐ 3) FKK ist ein Symbol von Freiheit und Gleichheit.

☐ 4) Die Nazis lehnten FKK ab, weil es unmoralisch war.

☐ 5) In seinem Garten darf man nackt sein, solange man nicht sexuell motiviert ist.

4 Welche Überschrift passt zu welchem Paragraphen? Suchen Sie die passenden Überschriften aus und weisen Sie ihnen A bis E zu. Vergleichen Sie das Ergebnis mit Ihrer Partnerin / Ihrem Partner.

Geschichte

FKK heute

Was ist FKK?

Rechtliches

Motivation

5 🎧 2-07 **Hörübung**   Der Englische Garten in München

Welche Sätze sind richtig? Hören Sie und kreuzen Sie die richtigen Antworten an.

☐ 1) Der Englische Garten liegt im Herzen der Stadt München.

☐ 2) Man kann dort an japanischen Teezeremonien teilnehmen.

☐ 3) Im Garten gibt es einen Pool, in welchem man surfen kann.

☐ 4) Der Garten ist seit langem ein beliebter Ort für FKK.

☐ 5) Man kann im Englischen Garten überall FKK betreiben.

6

a Haben Sie irgendeinen Lieblingsort wie einen Garten, Park, Café, Geschäft oder Freizeitpark? Schreiben Sie einen Text darüber.

b Lesen Sie den Text aus 6a vor und vergleichen Sie Ihre Lieblingsorte in der Gruppe.

7 **Grammatik**

a Ordnen Sie die Wörter. Dann lesen Sie nochmal den Text und bestätigen Sie sich.

Aber / hatten / sich / nachdem / Menschen / beschwert / viele / , / FKK / erlaubt / wurde / wieder.

_____

Grammatik 過去完了 Plusquamperfekt

過去完了は、「大過去」とも呼ばれます。過去に起こったことを基準点として、それよりも前に起こったことを過去完了形で表します。haben の直説法過去 + 過去分詞、もしくは sein の直説法過去 + 過去分詞を用います。

過去完了は、接続詞の nachdem（〜した後で）や、sobald（〜したらすぐに）とともに使われることが多いですが、その場合は、nachdem や sobald で始まる副文を過去完了形にし、主文は現在完了形または過去形にします。

Nachdem ich zu Abend **gegessen hatte**, habe ich mir die Zähne geputzt.

Ich habe mir die Zähne geputzt, nachdem ich zu Abend **gegessen hatte**.
私は晩御飯を食べた後で、歯を磨いた。

Sobald wir mit der Arbeit fertig **geworden waren**, sind wir nach Hause gekommen.

Wir sind nach Hause gekommen, sobald wir mit der Arbeit fertig **geworden waren**.　私たちは仕事が終わったらすぐに家に帰った。

Als er ins Kino gekommen ist, hatte der Film schon **begonnen**.

Der Film hatte schon **begonnen**, als er ins Kino gekommen ist.
彼が映画館に着いた時には、その映画はもう始まっていた。

b Schreiben Sie 2 Sätze mit „nachdem". Verwenden Sie dabei „ich" als Subjekt.

Nachdem ich 3 Hamburger gegessen hatte, wurde ich so satt und müde.
Nachdem ich aufgestanden war, habe ich Kaffee gemacht.

8 Gruppenspiel Pantomime

Stellen Sie mittels Pantomime eine Aktionen dar, die Sie in 7b als Nebensatz mit „nachdem" geschrieben haben. Stellen Sie anschließend die Aktionen des Hauptsatzes pantomimisch dar. Die anderen Gruppenmitglieder versuchen daraus den Satz zu erraten. Spielen Sie zwei Runden, in denen Sie beide Sätze aus 7b darstellen.

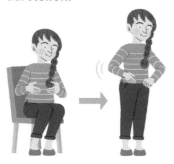

Nachdem du ein Buch gelesen hattest, hast du gekocht. Oder?

9 Das Flaschen- und Dosenpfand

Lektion

2-08

1 Was für ein Getränk mögen Sie? Wo kaufen Sie es oder wie bereiten Sie es zu? Wie transportieren Sie das Getränk? Sprechen Sie mit Ihrer Partnerin / Ihrem Partner.

2 **Wortschatz** Was bedeuten die folgenden Wörter? Schlagen Sie diese in Ihrem Wörterbuch nach. Hören Sie sich die Aussprache an und üben Sie diese mit Ihrer Partnerin / Ihrem Partner.

Flasche

Dose

Mülleimer

Bon

Leergut

entlang	_____	Automat	_____
grillen	_____	abgeben	_____
leer	_____	verschwinden	_____
werfen	_____	Knopf	_____
Verhalten	_____	Kasse	_____
Pfand	_____	umweltfreundlich	_____
Geschäft	_____	verdienen	_____
		wühlen	_____

Das Flaschen- und Dosenpfand

A

Wenn man in Deutschland im Sommer in einem Park oder entlang eines Flusses spazieren geht, sieht man oft Menschen, die mit Freunden grillen oder einfach nur in der Sonne liegen. Vor allem wenn es heiß ist, trinken diese Leute natürlich gerne Wasser, Softdrinks oder Bier aus Dosen und Flaschen. Wenn die Flaschen und Dosen dann leer sind, werfen einige Leute sie aber nicht in den Mülleimer, sondern stellen die Flaschen und Dosen neben oder auf den Mülleimer. Warum machen diese Leute das wohl?

B

Der Grund für dieses Verhalten ist das Flaschen- und Dosenpfand. Wenn man z.B. in Japan eine Plastikflasche kauft, dann wird die leere Flasche oft in den Müll geworfen. In Deutschland ist das aber anders. Seit 2006 kann man in jedem Geschäft, wo man Getränke kaufen kann, leere Flaschen und Dosen zurückgeben und bekommt dafür Geld. Für jede Dose und PET Flasche gibt es 25 Cent, also ungefähr 30 Yen. Für eine Glasflasche gibt es 15 Cent, außer für Bierflaschen, für die bekommt man nur 8 Cent.

C

Die Dosen und Flaschen gibt man normalerweise an einem Leergutautomaten ab. In diese Maschine legt man sein Leergut und sie scannt dann den Barcode. Das Leergut verschwindet dann in der Maschine. Wenn man alle seine Dosen und Flaschen abgegeben hat, drückt man auf einen Knopf, und es wird ein Bon ausgedruckt. Mit diesem Bon kann man dann an der Kasse sein Geld erhalten. Wenn man eine Bierkiste mit leeren Flaschen abgeben möchte, kann man die Kiste direkt in die Maschine stellen.

Durch dieses System werden in Deutschland 98% der Plastikflaschen korrekt recycelt, weil man Geld dafür bekommt sich umweltfreundlich zu verhalten.

D

Aber warum stellen manche Leute im Park ihre Flaschen neben den Mülleimer? Sie machen das, weil es das Beste ist, was sie für die Pfandsammler machen können. Pfandsammler sind Menschen, die in Mülleimern nach leeren Flaschen und Dosen suchen. Diese Menschen sind oft obdachlos oder haben keine Arbeit. Mit dem Leergut können sie pro Tag 15-20€ verdienen. Wer nett zu den Pfandsammlern sein möchte, legt die Flaschen und Dosen neben den Mülleimer, damit sie nicht im Müll wühlen müssen. Wenn Sie also in Deutschland sind, vergessen Sie nicht, dass Sie Ihre Flaschen in jedem Supermarkt zurückgeben können.

3 Welche Sätze sind richtig? Kreuzen Sie die richtigen Antworten an.

- ☐ 1) Im Sommer grillt man oft in Deutschland.
- ☐ 2) Sowohl in Japan als auch in Deutschland gibt es das Flaschen- und Dosenpfand.
- ☐ 3) Leergutautomaten befinden sich in jedem Geschäft, in dem man Getränke kaufen kann.
- ☐ 4) In Deutschland werden 98% der Plastikflaschen richtig recycelt.
- ☐ 5) Man bekommt sein Geld für Dosen und Flaschen direkt von den Leergutautomaten ausgezahlt.

4 Welche Überschrift passt zu welchem Paragraphen? Suchen Sie die passenden Überschriften aus und weisen Sie ihnen A bis D zu. Vergleichen Sie das Ergebnis mit Ihrer Partnerin / Ihrem Partner.

Der Leergutautomat

Was ist das Flaschen- und Dosenpfand?

Die Pfandsammler

Trinken im Freien

5 Wie finden Sie das Flaschen- und Dosenpfand? Kennen Sie ein ähnliches System in Ihrem Heimatland? Sprechen Sie mit Ihrer Partnerin / Ihrem Partner.

6 Hörübung

2-13

a Hören Sie sich das Gespräch von Luisa und Moritz an. Welche Sätze sind richtig? Kreuzen Sie die richtigen Antworten an.

- ☐ 1) Luisa badet gern.
- ☐ 2) Moritz sagt, Baden sei nicht umweltfreundlich.
- ☐ 3) Luisa isst gerne Fleisch.
- ☐ 4) Moritz mag Döner.
- ☐ 5) Auf dem Markt werden viele Lebensmittel in Plastik verpackt.

b Umweltschutz: Was können wir noch für die Umwelt machen? Schreiben Sie Ihre Meinung darüber. Vergleichen Sie dann in Ihrer Gruppe.

a Was passt in die Lücken? Füllen Sie diese mit *wer, was* oder *wo* aus. Überlegen Sie und besprechen Sie mit Ihrer Partnerin / Ihrem Partner. Hilfe finden Sie im Text „Das Flaschen- und Dosenpfand".

1) Seit 2006 kann man in jedem Geschäft, _____ man Getränke kaufen kann, leere Flaschen und Dosen zurückgeben und bekommt dafür Geld.

2) Sie machen das, weil es das Beste ist, _____ sie für die Pfandsammler machen können.

3) _____ nett für zu den Pfandsammler sein möchte, legt die Flaschen und Dosen neben den Mülleimer, damit sie nicht im Müll wühlen müssen.

Grammatik   不定関係代名詞 wer と was / 関係副詞 wo   Relativpronomen / Relativadverb

不定関係代名詞

不定関係代名詞とは、意味上、先行詞を含んでいるために先行詞を持たない関係詞のことです。不定関係代名詞には、wer / was があります。

Wer oft Sport treibt, ist gesund.   しばしばスポーツをする人は健康である。

Bildung ist, **was** bleibt, wenn man alles Gelernte vergessen hat.

教養とは、学んだことをすべて忘れたときに残るもののことである。

	1格	2格	3格	4格
wer	wer	wessen	wem	wen
was	was	wessen	—	was

不定関係代名詞 was は、alles, etwas, nichts, das, 形容詞の名詞化（中性単数）などを先行詞とすることがあります。

Das ist **alles**, **was** ich für dich tun kann.   これが私が君のためにできることのすべてです。

Mach **das Beste**, **was** du kannst!   最善を尽くして！

関係副詞 wo

関係詞が場所を表す場合、しばしば関係副詞が用いられます。特に先行詞が固有名詞の時、前置詞＋関係代名詞ではなく関係副詞が用いられます。

Das ist die Stadt, **wo** ich geboren bin.   ここが私が生まれた町だよ。

＝ Das ist die Stadt, in der ich geboren bin.

Frank studiert an der Freiburger Universität, **wo** auch sein Vater studiert hat.

フランクは彼のお父さんも学んだフライブルク大学で勉強しています。

---

b Überlegen Sie sich 3 Sätze mit den Relativpronomen *wer, was* oder dem Relativadverb *wo* und schreiben Sie diese auf einen Zettel, aber lassen Sie eine Lücke an der Stelle wo das Relativpronomen/-adverb stehen sollte. Tauschen Sie den Zettel mit Ihrer Partnerin / Ihrem Partner und füllen Sie die Lücken aus. Geben Sie den Zettel dann zurück und lassen Sie es korrigieren.

Das ist die Stadt, _____ ich geboren bin.

Max und Moritz

1 Was für Spiele haben Sie als Kind gerne gespielt (z.B. Verstecken, Seil springen, ...)? Was für Streiche haben Sie gespielt? Sprechen Sie mit Ihrer Partnerin / Ihrem Partner.

2-14

2 **Wortschatz** Was bedeuten die folgenden Wörter? Schlagen Sie diese in Ihrem Wörterbuch nach. Hören Sie sich die Aussprache an und üben Sie diese mit Ihrer Partnerin / Ihrem Partner.

Kinderbuch	_____	erwischen	_____
malen	_____	fliehen	_____
aus ... stammen	_____	Pädagoge	_____
in Reimen	_____	einstufen	_____
von ... handeln	_____	Verkauf	_____
Bengel	_____	Karikatur	_____
Streiche spielen	_____	Müller	_____
unschuldig	_____	Korn	_____
darstellen	_____	mahlen	_____
quälen	_____	Gans	_____
verletzen	_____	Übeltäterei	_____
in ... aufteilen	_____	Rezeption	_____
Erfolg haben	_____		

Max und Moritz

A

Max und Moritz ist ein Kinderbuch von Wilhelm Busch. Die Geschichte stammt aus dem Jahr 1865 und ist in Deutschland sehr bekannt. Wilhelm Busch hat nicht nur die Geschichte geschrieben, sondern auch die Bilder dazu gemalt. Der gesamte Text ist in Reimen geschrieben.

Max und Moritz ist bis heute eines der bekanntesten Kinderbücher in Deutschland und wurde in über 280 Sprachen übersetzt, 1887 auch ins Japanische.

B

Max und Moritz handelt von zwei Bengeln, die anderen Leuten Streiche spielen. Normalerweise werden Kinder in Geschichten als unschuldig und gut dargestellt. Aber Max und Moritz sind zwei besonders böse Kinder. Sie quälen und töten Tiere und haben Spaß daran, andere Menschen zu verletzen.

Das Buch ist in 7 Streiche aufgeteilt. Bei den ersten 5 Streichen haben die zwei Kinder Erfolg. Beim 6. Streich werden sie erwischt, können aber fliehen. Beim 7. Streich werden die beiden Jungs noch einmal erwischt und dann zur Strafe getötet.

C

Die Geschichte wurde 1870 von Pädagogen der Bismarckzeit als gefährlich eingestuft, weil sie der Jugend schade. In Teilen von Österreich war bis 1929 der Verkauf an unter 18-Jährige verboten. Auch Wilhelm Busch sagte, dass das Buch nicht für Kinder geeignet sei. Er habe das Buch nämlich nicht für Kinder geschrieben, sondern weil er es lustig fände. An vielen Stellen ist das Buch eine Karikatur der damaligen Zeit.

Seltsamerweise ist das Buch ein sehr beliebtes Kinderbuch geworden, vielleicht weil die Eltern das Buch lustig fanden.

D

Die Geschichte endet übrigens damit, dass Max und Moritz die Getreidesäcke des Bauers aufschneiden. Als der Bauer sie bemerkt, steckt er sie in einen Sack und lässt statt des Getreides die zwei Jungs beim Müller mahlen. Nachdem Max und Moritz zu kleinen Körner gemahlen wurden, werden sie an Gänse verfüttert. Die Nachricht über den Tod der zwei Jungs erfreut das ganze Dorf.

Dieses brutale Ende bedeutet natürlich nicht, dass Wilhelm Busch dachte, dass solch eine extreme Strafe richtig sei. Vielmehr zeigt das Ende, dass die Menschen im Dorf mindestens genauso böse waren wie Max und Moritz.

Der letzte Vers der Geschichte lautet: »Gott sei Dank! Nun ist's vorbei
Mit der Übeltäterei!!«

3 Welche Sätze sind richtig? Kreuzen Sie die richtigen Antworten an.

☐ 1) Wilhelm Busch hat nicht nur das Buch geschrieben, sondern auch die Bilder gemalt.

☐ 2) Max und Moritz handelt von zwei netten Kindern und ihren lustigen Streichen.

☐ 3) Als Max und Moritz sterben, trauert das ganze Dorf.

☐ 4) Das Buch wurde von vielen als gefährlich für Kinder angesehen.

☐ 5) Wilhelm Busch hatte das Buch für Kinder geschrieben, aber fand das Buch selbst auch lustig.

4 Welche Überschrift passt zu welchem Paragraphen? Suchen Sie die passenden Überschriften aus und weisen Sie ihnen A bis D zu. Vergleichen Sie das Ergebnis mit Ihrer Partnerin / Ihrem Partner.

Die Handlung

Das Ende der Geschichte

Die Entstehung

Die Rezeption

5 **Hörübung**

2-19 **a** Hören Sie sich die Zusammenfassung des Streiches von „Max und Moritz" an und ordnen Sie die Bilder in der richtigen Reihenfolge.

( )   ( )   ( )

( )   ( )   ( )

( )   ( )

b Erfinden und schreiben Sie ein Streich von Max und Moritz mit Ihrer Partnerin / Ihrem Partner. Erzählen die Geschichte in Ihrer Gruppe.

6 Grammatik

a Überlegen Sie, was in die Lücke passt.

1) Die Geschichte wurde 1870 von Pädagogen der Bismarckzeit als gefährlich eingestuft, weil sie der Jugend _____.

2) Auch Wilhelm Busch sagte, dass das Buch nicht für Kinder geeignet _____.

3) Er _____ das Buch nämlich nicht für Kinder geschrieben, sondern weil er es lustig findet.

4) Dieses brutale Ende bedeutet natürlich nicht, dass Wilhelm Busch dachte, dass solch eine extreme Strafe richtig _____.

Grammatik 接続法 I 式―間接話法 Konjunktiv I - Indirekte Rede

接続法は、事実を直接述べる直説法とは異なり、可能性・願望・仮定・伝聞などを表現する方法です。接続法には、接続法 I 式と、接続法 II 式があります。接続法 I 式は間接話法・要求話法に、接続法 II 式は仮定話法・婉曲話法に用いられます。

現在人称変化で幹母音が変音する動詞でも変音しません。sein だけは例外です。

	規則動詞	不規則変化動詞					
不定詞	lernen	haben	werden	fahren	geben	sehen	sein
語幹	lern	hab	werd	fahr	geb	seh	
ich -e	lerne	habe	werde	fahre	gebe	sehe	sei
du -est	lernest	habest	werdest	fahrest	gebest	sehest	sei(e)t
er/sie/es -e	lerne	habe	werde	fahre	gebe	sehe	sei
wir -en	lernen	haben	werden	fahren	geben	sehen	seien
ihr -et	lernet	habet	werdet	fahret	gebet	sehet	seiet
sie -en	lernen	haben	werden	fahren	geben	sehen	seien
Sie -en	lernen	haben	werden	fahren	geben	sehen	seien

間接話法は、接続詞＋副文か、あるいは接続法 I 式で表します。接続法が使われると、その内容が事実であることを引用者は保証しないという伝聞のニュアンスが加わります。

Er sagt: „Ich liebe dich". → Er sagte, dass er dich liebt. (接続詞 + 副文)

Er sagte, er **liebe** dich. (接続法 I 式)

b Schreiben Sie die Sätze mit Konjunktiv I um.

1) Die Mutter sagt zu ihrem Sohn: „Du musst jetzt deine Hausaufgaben machen."
   Die Mutter sagt zu ihrem Sohn, er _____ jetzt _____ Hausaufgaben machen.

2) Mia sagt: „Meine Freundin kommt morgen zu Besuch."
   Mia sagt, _____ Freundin _____ morgen zu Besuch.

3) Der Lehrer sagt zu Emma: „Du schreibst sehr schön."
   Der Lehrer sagt zu Emma, _____ _____ sehr schön.

4) Luca sagt: „Ich gehe zum Fußball spielen."
   Luca sagt, _____ _____ zum Fußball spielen.

Adidas

1 Haben Sie eine Lieblingsschuh- oder Kleidungsmarke? Sprechen Sie mit Ihrer Partnerin / Ihrem Partner.

2-20

2 **Wortschatz** Was bedeuten die folgenden Wörter? Schlagen Sie diese in Ihrem Wörterbuch nach. Hören Sie sich die Aussprache an und üben Sie diese mit Ihrer Partnerin / Ihrem Partner.

Olympiade	_____	Geschäftsmann	_____
teilnehmen	_____	sich um … kümmern	_____
egal woher …	_____	Laufschuhe	_____
Schuhmarke	_____	erfolgreich	_____
in der Nähe von …	_____	streiten	_____
Gründer	_____	häufig	_____
Spitzname	_____	Fabrik	_____
herstellen	_____	leiten	_____
speziell	_____	Hass	_____
nämlich	_____	Konkurrent	_____
begabt	_____	Sitz	_____
extrovertiert	_____		

Adidas

2-21
A _____

Die Olympiade ist das größte Sportevent der Welt, bei der Sportler aus aller Welt teilnehmen. Aber egal woher die Sportler auch kommen, ihre Schuhe sind oft von Adidas. Es ist oft nicht bekannt, dass Adidas, eine der größten Schuhmarken der Welt, aus einer kleinen Stadt in Deutschland kommt.

2-22
B _____

Adidas stammt aus der kleinen Stadt Herzogenaurach, in der Nähe von Nürnberg. Der Gründer der Firma war Adolf Dassler. Sein Spitzname war „Adi" und er nannte die Firma deshalb Adidas, eine Abkürzung von **Adi Das**sler. Die Geschichte von Adidas beginnt in den 1920er Jahren. Adolf Dassler und sein Bruder Rudolf hatten die Idee, Schuhe herzustellen, die speziell für Profi-Sportler gemacht sind. Damals gab es in Deutschland nämlich noch keine professionellen Sportschuhe. Die „Gebrüder Dassler Schuhfabrik" wurde 1924 von den beiden Brüdern zusammen gegründet. Adolf „Adi" Dassler war ein ruhiger und begabter Schuhmacher. Sein Bruder Rudolf war ein extrovertierter Geschäftsmann und kümmerte sich um das Geschäftliche.

2-23
C _____

Anfangs machten sie vor allem Fußball- und Laufschuhe. Schon im Jahre 1928 wurden ihre Schuhe bei der Olympiade in Amsterdam gesehen. Obwohl die Firma erfolgreich war, war das Privatleben der beiden Brüder problematisch. Adi und Rudolf hatten nämlich keine gute Beziehung und stritten sich sehr häufig. Während des zweiten Weltkriegs durfte die Fabrik keine Schuhe mehr herstellen und musste stattdessen eine Waffenfabrik werden. Adi durfte die Firma leiten, während sein Bruder an die Front musste. Rudolf fühlte sich von seinem Bruder verraten und die bereits schwierige Beziehung veränderte sich in Hass.

2-24
D _____

Nach dem Krieg, im Jahr 1946, wurden in der Fabrik wieder Schuhe hergestellt. Rudolf und Adolf wollten aber nicht mehr zusammenarbeiten, deshalb gründete Rudolf im Jahre 1948 seine eigene Schuhfabrik: Puma. Adolf führte die alte Fabrik weiter und änderte den Namen in Adidas. Die beiden Firmen waren sich gegenseitig viele Jahre lang die größten Konkurrenten. Nach Nike ist Adidas heute der zweitgrößte Schuhhersteller der Welt, Puma ist auf Platz drei. Die beiden riesigen Firmen haben bis heute ihren Sitz in der kleinen Stadt Herzogenaurach.

3 **Welche Sätze sind richtig? Kreuzen Sie die richtigen Antworten an.**

- ☐ 1) Adidas stammt aus einer kleinen Stadt in der Nähe von Nürnberg.
- ☐ 2) Die Firma ist nach ihrem Gründer, Adelbert Dassler benannt.
- ☐ 3) Die Gebrüder Dassler hatten eine sehr gute Beziehung, deshalb arbeiteten sie zusammen.
- ☐ 4) Rudolf Dassler gründete die Firma Puma.
- ☐ 5) Puma und Adidas haben ihren Sitz in der gleichen Stadt.

4 Welche Überschrift passt zu welchem Paragraphen? Suchen Sie die passenden Überschriften aus und weisen Sie ihnen A bis D zu. Vergleichen Sie das Ergebnis mit Ihrer Partnerin / Ihrem Partner.

Die Entstehung der zwei Unternehmen
Der Name der Firma
Die Beziehung der Gebrüder Dassler
Die Einleitung

5 **Grammatik**

a **Ordnen Sie bitte die folgenden Sätze. Hilfe finden Sie im Text „Adidas".**

1) Adolf Dassler und sein Bruder Rudolf hatten die Idee, Schuhe herzustellen, <u>für /</u> <u>speziell / die / sind / gemacht / Profi-Sportler.</u>

2) <u>die „Gebrüder Dassler Schuhfabrik" / gegründet / 1924 / zusammen / wurde / von den beiden Brüdern.</u>

3) <u>im Jahre 1928 / Schuhe / schon / gesehen / wurden / ihre / bei der Olympiade in Amsterdam.</u>

4) Nach dem Krieg, im Jahr 1946, <u>hergestellt / in der Fabrik / wieder / wurden / Schuhe.</u>

Grammatik 受動態 Passiv

受け身の形式の文を**受動文**と言います。受動態には**動作受動**と**状態受動**があります。

- **動作受動 werden + 過去分詞**：能動文の４格目的語を受動文の主語（１格）とし、**werden + 過去分詞**で文を作ります。能動文の主語が動作主の場合は **von + 3 格**、手段の場合は **durch + 4 格**で示しますが、能動文の主語が man の時は、受動文の von + 3 格を省略します。

受動文の作り方

能動文：Der Student öffnet die Tür.　その学生はドアを開ける。
受動文：Die Tür wird **von** dem Studenten geöffnet.　そのドアは学生に開けられる。
能動文：Der Wind öffnet die Tür.　風がドアを開ける。
受動文：Die Tür wird **durch** den Wind geöffnet.　そのドアは風によって開けられる。

- **状態受動 sein + 過去分詞**：動作主よりもその動作が完了した状態に重きを置いたものが**状態受動**です。**sein + 過去分詞**で文を作ります。

動作受動：Die Tür **wird** von dem Studenten **geöffnet**.　そのドアは学生に開けられる。
状態受動：Die Tür **ist geöffnet**.　そのドアは開いている。

動作受動の時制	状態受動の時制
現在形：　Die Tür **wird** geöffnet.	Die Tür **ist** geöffnet.
過去形：　Die Tür **wurde** geöffnet.	Die Tür **war** geöffnet.
未来形：　Die Tür **wird** geöffnet **werden**.	Die Tür **wird** geöffnet **sein**.
現在完了形：Die Tür **ist** geöffnet **worden**.	Die Tür **ist** geöffnet **gewesen**.

b Kennen Sie diese deutschen Erfindungen? Was wurde wann von wem erfunden? Schlagen Sie im Internet nach und schreiben Sie es als Passivsatz. Vergleichen Sie dann mit Ihrer Partnerin / Ihrem Partner.

das Tonband

➡ Das Tonband wurde 1928 von Fritz Pfleumer erfunden.

1) das Auto

2) der Kaffeefilter

3) der Teddybär

©Museumsstiftung Post und Telekommunikation

c Kennen Sie noch weitere Erfindungen aus deutschsprachigen Ländern? Schauen Sie im Internet nach und bringen Sie diese Ihren Gruppenmitgliedern bei.

2-25

6 **Hörübung** Hören Sie sich den Dialog an. Was hat die Kundin gekauft? Wählen Sie die richtige Kombination.

Größe 38	Größe 38	Größe 38	Größe 38
Größe 38	Größe 36	Größe 36	Größe 38
Größe 38	Größe 38	Größe 38	Größe 38

服のサイズ換算表

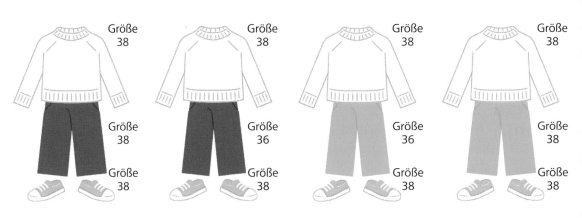

靴				Tシャツ・カットソー・上着				パンツ			
レディース		メンズ		レディース		メンズ		レディース		メンズ	
日本 (cm)	ドイツ	日本	ドイツ	日本	ドイツ	日本	ドイツ	日本	ドイツ	日本	ドイツ
21	34	23	38	5(XS)	32	1(S)	44	58-61	30	68-71	42-46
21.5	34.5	23.5	38.5	7(S)	34	2(M)	46	61-69	32	71-76	46-48
22	35	24	39	9(M)	36	3(L)	48	64-67	34	76-84	48-50
22.5	35.5	24.5	40	11(L)	38	4(LL)	50	67-70	36-38	84-94	50-54
23	36	25	40.5	13(LL)	40	5(3L)	52	70-73	40-42	94-104	54-58
23.5	36.5	25.5	41	15(3L)	42			73-76	44		
24	37	26	41.5								
24.5	37.5	26.5	42								
25	38	27	42.5								
25.5	38.5	27.5	43								
26	39	28	43.5								
26.5	39.5	28.5	44								
27	40	29	44.5								

12 Lektion / Karl Joseph Wilhelm Juchheim

1 Mögen Sie Süßigkeiten? Wenn ja, welche? Sprechen Sie mit Ihrer Partnerin / Ihrem Partner.

🎧 2-26

2 **Wortschatz** Was bedeuten die folgenden Wörter? Schlagen Sie diese in Ihrem Wörterbuch nach. Hören Sie sich die Aussprache an und üben Sie diese mit Ihrer Partnerin / Ihrem Partner.

Konditor	_____	Ausstellung	_____
Kaffeehaus	_____	freilassen	_____
verloben	_____	Cholera-Epidemie	_____
Weltkrieg	_____	Erdbeben	_____
ausbrechen	_____	beitreten	_____
Armee	_____	Alliierten	_____
Kriegsgefangene	_____	deportieren	_____
Gefangenschaft	_____		

Schantung und das Kiautschou-Gebiet.

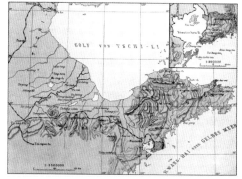

Karl Joseph Wilhelm Juchheim

A

Karl Joseph Wilhelm Juchheim war ein deutscher Konditor, der den Baumkuchen in Japan bekannt gemacht hat.

Karl Juchheim ist 1886 in Kaub am Rhein geboren. Mit 22 Jahren ging er 1908 nach Kiautschou in China. Kiautschou war damals eine deutsche Kolonie. Dort arbeitete Karl Juchheim als Konditor in einem Kaffeehaus. Im Jahre 1909 gründete er seine eigene Konditorei, in welcher er unter anderem auch Baumkuchen herstellte. Nach 5 Jahren in China kehrte er für kurze Zeit nach Deutschland zurück, um sich eine Frau zu suchen.

Im Frühling 1914 lernte er die 22-jährige Elise kennen und sie verlobten sich. Karl und seine Verlobte reisten dann zusammen zurück nach Kiautschou und heirateten dort im Juli 1914. Zusammen arbeiteten sie in der Konditorei—Karl backte die Kuchen und Elise verkaufte sie.

B

Kurze Zeit später brach der Erste Weltkrieg aus, und Karl und Elise wurden von der japanischen Armee als Kriegsgefangene erst nach Okinawa, dann nach Osaka gebracht. Während ihrer Gefangenschaft wurde 1915 ihr Sohn Karl-Franz geboren und Elise durfte das Gefängnis verlassen. Mit ihrem Sohn lebte sie dann alleine in Qingdao.

Im Jahre 1917 wurde Karl mit anderen Gefangenen nach Hiroshima gebracht. In Hiroshima gab es eine deutsche Ausstellung und Karl backte den ersten Baumkuchen Japans für diese Ausstellung. Karl sah, dass den Japanern der Baumkuchen sehr schmeckte.

C

Nach Ende des ersten Weltkrieges im Jahre 1918 wurde Karl im Jahr 1920 freigelassen. Er wollte nach Qingdao zu seiner Familie reisen, aber zu dieser Zeit gab es in Qingdao eine große Cholera-Epidemie. Deshalb kam seine Familie nach Japan und zusammen eröffneten sie 1921 eine Konditorei in Yokohama.

Aber schon im September 1923 gab es ein großes Erdbeben in der Kanto Region und ihr Geschäft wurde komplett zerstört. Die Familie Juchheim zog nach Kobe und eröffnete dort ein neues Geschäft. Das Geschäft hieß „Juchheim's" und ihr Baumkuchen wurde schnell beliebt. Das Geschäft wuchs und war sehr erfolgreich.

D

Bis zum Zweiten Weltkrieg war die Familie glücklich. 1942 musste der Sohn von Karl und Elise der deutschen Armee beitreten, wo er 1945 in Wien starb. Karl starb ebenfalls 1945, einen Tag vor Ende des Krieges, an einer Krankheit in Japan. Ihr Geschäft wurde Elise von den Alliierten weggenommen und in „Juchheim Co., Ltd" umbenannt. Elise wurde dann nach Deutschland deportiert. Erst 1953 durfte sie nach Japan zurückkehren und bis zu ihrem Tod im Jahre 1971 lebte sie in Japan. Das Ehepaar liegt heute in Ashiya begraben.

Die Firma „Juchheim Co., Ltd" gibt es noch heute und verkauft weiterhin Baumkuchen.

3 Welche Sätze sind richtig? Kreuzen Sie die richtigen Antworten an.

- ☐ 1) Im Alter von 22 Jahren ging Karl nach China.
- ☐ 2) Er lernte seine Frau Elise 1914 in Kiautschou kennen.
- ☐ 3) Karl und Elises Sohn wurde in der japanischen Kriegsgefangenschaft geboren.
- ☐ 4) Die Konditorei wurde Elise nach Ende des zweiten Weltkrieges weggenommen.
- ☐ 5) Elise kehrte nie wieder nach Japan zurück.

4 Welche Überschrift passt zu welchem Paragraphen? Suchen Sie die passenden Überschriften aus und weisen Sie ihnen A bis D zu. Vergleichen Sie das Ergebnis mit Ihrer Partnerin / Ihrem Partner.

„Juchheim's" nach Karls Tod

Die Kriegsgefangenschaft

Die Eröffnung von „Juchheim's"

Karl und Elise

5 | Grammatik

a Schreiben Sie die folgenden Wörter ins nominalisierte Partizip II um.

1) Karl und seine _____ (verlobt)
2) mit anderen _____ (gefangen)
3) von den _____ (alliiert)

Grammatik 形容詞の名詞化 Nominalisierung von Adjektiven

形容詞は、頭文字を大文字にすると、名詞として使うことができます。男性、女性、複数はその形容詞の示す性質の人を、中性はものやことを表します。語尾変化は第 2 課の表を参照してください。

der Nett**e** 親切な男性　die Schön**e** 美しい女性　die Krank**en** 病気の人たち

中性の場合、etwas（何か）、nichts（何も…ない）、viel（たくさんの…こと）、alles（すべて…こと）などと一緒に用いられることが多いです。

etwas Lecker**es** 何かおいしいもの　　　　**nichts** Besonder**es** 何も特別なことはない

viel Interessant**es** たくさんの面白いこと　　**alles** Gut**e** すべての良いこと

一般的な形容詞と同じく、現在分詞・過去分詞に男性、女性、複数の変化語尾がついたものは、「…された人」という意味になります。

der Bekannt**e** 知人（知っている男性）　die Verlobt**en** 婚約者たち（婚約している人たち）

b Schreiben Sie die folgenden Wörter ins nominalisierte Adjektiv um.

1) Du darfst nicht mehr so viel _____ essen. (süß)
2) Die _____ ist sehr nett. (alt)
3) In der Zeitung stand nichts _____. (neu)

6 Hörübung Deutsche Kuchen

a Hören Sie sich den Text an. Welches Foto passt zu welchem Kuchen? Vergleichen Sie mit Ihrer Partnerin / Ihrem Partner.

> der Streuselkuchen   die Schwarzwälder Kirschtorte
> der Bienenstich   der Hefezopf   der Marmorkuchen

a) _____

b) _____

c) _____

d) _____

e) _____

b Was für Kuchen oder Süßigkeiten gibt es noch in deutschsprachigen Ländern? Recherchieren Sie im Internet und schreiben Sie einen kurzen Text wie in 6a.

c Stellen Sie Ihre Süßigkeit aus 6b in Ihrer Gruppe vor.

Nikolaustag

1   Wie feiern Sie Weihnachten? Sprechen Sie mit Ihrer Partnerin / Ihrem Partner.

2 **Wortschatz**   Was bedeuten die folgenden Wörter? Schlagen Sie diese in Ihrem
Wörterbuch nach. Hören Sie sich die Aussprache an und üben
Sie diese mit Ihrer Partnerin / Ihrem Partner.

2-32

Nikolaustag	_____	Knecht	_____
Spielzeug	_____	artig	_____
Geschenk	_____	Besen	_____
Bischof	_____	auspeitschen	_____
zufolge	_____	aufschlitzen	_____
barmherzig	_____	fressen	_____
uneigennützig	_____	vermischen	_____
Vermögen	_____	verschieben	_____
Andenken	_____	aufgehen	_____
Prostitution	_____	fortsetzen	_____
Begleiter	_____		

Kamin

Süßigkeit

Nikolaustag

A

    Der Nikolaustag ist ein Feiertag am 6. Dezember. Der Feiertag ist bei Kindern einer der beliebtesten, denn am Nikolaustag erhalten Kinder Süßigkeiten oder ein kleines Spielzeug. Dafür müssen die Kinder ihre Schuhe am Vortag des 6. Dezember vor das Haus oder neben den Kamin stellen. Am nächsten Morgen liegen dann Geschenke in den Schuhen, welche der Nikolaus ihnen gebracht hat.

B

    Natürlich legen in Wirklichkeit die Eltern die Geschenke in die Kinderschuhe, aber einen echten Nikolaus gab es tatsächlich—nämlich Bischof Nikolaus von Myra. Er lebte im dritten Jahrhundert in der heutigen Türkei. Erzählungen zufolge war Nikolaus stets barmherzig und uneigennützig. So soll er das Vermögen, das er von seinen reichen Eltern erbte, vollständig an die Armen gespendet haben. Der 6. Dezember gilt als der Todestag des heiligen Nikolaus. Dieser Tag wird im Andenken an seine guten Taten gefeiert. Über den Bischof von Myra gibt es viele Legenden. Die wichtigste ist die Geschichte von einem sehr armen Mann: Ihm fehlte das Geld für die Heirat seiner drei Töchter, weshalb er sie in die Prostitution schicken wollte. Als Nikolaus davon erfuhr, warf er Gold in den Kamin der Mädchen. Das Gold fiel in die Stiefel und Socken, die dort zum Trocknen hingen. So rettete er die Mädchen vor ihrem schlimmen Schicksal.

C

    Den Nikolaustag kennt man in vielen Ländern. Aber in Deutschland gibt es eine Besonderheit. Der Nikolaus ist nicht allein, sondern hat einen Begleiter. Dieser heißt „Knecht Ruprecht", in Bayern und Österreich ist es manchmal auch der „Krampus". Während der Nikolaus den artigen Kindern Geschenke gibt, bestraft Knecht Ruprecht die unartigen Kinder. Die bösen Kinder werden mit dem Besen des Knechts geschlagen, aber sehr schlimme Kinder können auch bis auf das Blut ausgepeitscht, aufgeschlitzt oder gefressen werden. Die Tradition des Knecht Ruprecht stammt aus einer Zeit vor dem Christentum und hat sich mit dem Nikolausbrauch vermischt.

D

    Eigentlich hat der Nikolaus mit Weihnachten nichts zu tun, denn an Weihnachten feiert man die Geburt von Jesus Christus. Und trotzdem ist der Nikolaus eine wichtige Figur des Weihnachtsfestes. In den USA kommt der Nikolaus sogar an Weihnachten. Der Amerikanische „Santa Claus" ist nämlich nichts anderes als der „Sankt Nik'laus", also der Heilige Nikolaus. Wie wurde der Nikolaus in den USA zur wichtigsten Figur des Weihnachtsfestes?

    Schuld daran ist Martin Luther. Ihm gefiel es nicht, dass der Nikolaus bei den Kindern beliebter als Jesus war. Deshalb verschob er im Jahre 1535 den Brauch des Nikolaustags auf Weihnachten und ersetzte den Nikolaus mit dem Christkind (Jesus). Aber der Plan von Martin Luther ging nicht auf: der Nikolausbrauch wurde fortgesetzt, und aus dem Jesuskind wurde mit der Zeit ein zweiter Nikolaus, —der dicke, bärtige Weihnachtsmann. Deshalb bekommen deutsche Kinder im Dezember zweimal Geschenke: Am Nikolaustag und an Weihnachten.

3 Welche Sätze sind richtig? Kreuzen Sie die richtigen Antworten an.

- ☐ 1) Am 6. Dezember bekommen Kinder in Deutschland kleine Geschenke.
- ☐ 2) Der historische Nikolaus von Myra ist am 6. Dezember geboren.
- ☐ 3) Der Nikolaus belohnt gute Kinder und Knecht Ruprecht bestraft die bösen.
- ☐ 4) Santa Claus war ursprünglich der Nikolaus.
- ☐ 5) Martin Luther King gefiel der Nikolausbrauch nicht, weil er von Jesus ablenkt.

4 Welche Überschrift passt zu welchem Paragraphen? Suchen Sie die passenden Überschriften aus und weisen Sie ihnen A bis D zu. Vergleichen Sie das Ergebnis mit Ihrer Partnerin / Ihrem Partner.

Der Nikolaus und Weihnachten

Der Bischof von Myra

Was ist der Nikolaustag?

Knecht Ruprecht

5 **Hörübung** **Gespräch - Weihnachtsmarkt**

2-37

Hören Sie sich das Gespräch an und beantworten Sie die folgenden Fragen.

1) Worauf hat Luisa sich so gefreut?

2) Warum hat Moritz keine Mütze mehr?

3) Wie sieht die neue Mütze von Moritz aus? Zeichnen Sie!

4) Was isst Moritz?

6 **Grammatik**

a Schreiben Sie die folgenden Adjektive zum Komparativ oder Superlativ um.

1) Die (   ) ist die Geschichte von einem sehr armen Mann. (wichtig)   最上級

2) Der Nikolaus war bei den Kindern (   ) als Jesus. (beliebt)   比較級

Grammatik 比較級・最上級 Komparativ und Superlativ

	原級	比較級 -er	最上級 -(e)st
形容詞	klein	kleiner	kleinst
	groß	größer	größt
	kurz	kürzer	kürzest
	lang	länger	längst
	hoch	höher	höchst
	gut	**besser**	**best**
	viel	**mehr**	**meist**
副詞	gern	**lieber**	**am liebsten**

- ほとんどの形容詞は、そのまま副詞としても使えます。
- 母音が一つの場合は、a, o, u が ä, ö, ü に変音します。
- -d, -t, -z などで終わるものは、最上級が -est となります。
- 変音するもの、一部の文字を落とすもの、大きく変わるものなどもあります。
- 副詞の最上級は必ず am -sten の形になります。

b Schreiben Sie die folgenden Wörter zu Komparativ und Superlativ um.

1) Stefan ist _____ als Alex. (jung)
2) Mein Sohn isst _____ als mein Mann. (viel)
3) Ben läuft am _____ in der Klasse. (schnell)
4) Meine Schwester ist _____ als ich. (klein)
5) Ich esse am _____ Kuchen. (gern)

7 | Spiel Weihnachtsbegriffe erklären

Wählen Sie ein Wort von unten aus und erklären Sie es. Ihre Gruppenmitglieder erraten, um welches Wort es sich handelt.

der Glühwein der Adventskalender der Stollen der Weihnachtsbaum

der Adventskranz der Weihnachtsmarkt das Riesenrad

das Karussell

die Krippe das Geschenk der Schneemann

der Weihnachtsmann

8 | **Weihnachtskarte schreiben:** Schreiben Sie eine Weihnachtskarte an Ihre Partnerin / Ihren Partner.

Liebe(r) ...,

wir wünschen euch ein frohes Weihnachtsfest und alles Gute für das neue Jahr - vor allem Gesundheit, Glück und Zufriedenheit!

Eure ...

14

Silvester

---

1 Welchen Feiertag mögen Sie am liebsten (z.B. Neujahr, Weihnachten)? Warum?
Sprechen Sie mit Ihrer Partnerin / Ihrem Partner.

2 | **Wortschatz**   Was bedeuten die folgenden Wörter? Schlagen Sie diese in Ihrem
Wörterbuch nach. Hören Sie sich die Aussprache an und üben
Sie diese mit Ihrer Partnerin / Ihrem Partner.

-38

Silvester	_____	erstarren	_____
Gedenktag	_____	Anleitung	_____
heilig	_____	außerordentlich	_____
Papst	_____	Zinn	_____
schlicht	_____	Wachs	_____
Neujahrstag	_____	Sektkorken	_____
feiern	_____	Feuerwerk	_____
unternehmen	_____	Feuerwerksrakete	_____
Bleigießen	_____	ordnungsgemäß	_____
Wahrsagerei	_____	Sprengstoff	_____
ernsthaft	_____	nichtsdestotrotz	_____
schmelzen	_____	Altstadt	_____
Kerze	_____	ausgiebig	_____
flüssig	_____	Mitmenschen	_____

Silvester

A

Den letzten Tag des Jahres, also den 31. Dezember, nennen die Deutschen „Silvester". Der Tag heißt so, weil es der Gedenktag des heiligen Papstes Silvester I. ist. Den 1. Januar nennt man schlicht „Neujahrstag".

Während Weihnachten normalerweise mit der Familie gefeiert wird, feiern die Deutschen Silvester meist mit ihren Freunden. Dazu lädt man Freunde in sein Haus und isst, trinkt und wartet bis Mitternacht. Damit es in dieser Zeit nicht langweilig wird, unternimmt man traditionell unterschiedliche Aktivitäten, beispielsweise das Bleigießen.

B

Das Bleigießen ist eine alte Form der Wahrsagerei. Zwar glaubt eigentlich niemand ernsthaft daran, aber weil das Bleigießen Spaß macht, ist es auch heute noch sehr beliebt. Man legt dazu ein kleines Stück Blei auf einen Teelöffel und schmilzt es über einer Kerze. Das flüssige Blei wird anschließend in eine Schüssel mit kaltem Wasser geleert. Durch das kalte Wasser erstarrt das Blei rasch und die Form des Bleis verrät dann angeblich etwas über die Zukunft. Praktischerweise kauft man das Blei zusammen mit einer Anleitung, welche hilft die Formen zu interpretieren. Blei ist ein außerordentlich giftiges Metall, deshalb wäre Bleigießen eigentlich sehr ungesund. Doch heutzutage verwendet man selbstverständlich kein echtes Blei mehr, sondern ungefährliche Metalle wie Zinn. Für Kinder kann man zur Sicherheit auch Wachs anstelle eines Metalls verwenden.

C

Pünktlich um Mitternacht lässt man die Sektkorken knallen und wünscht sich gegenseitig „Ein frohes, neues Jahr!". Danach geht man ins Freie und macht gemeinsam ein Feuerwerk. Eigentlich sind private Feuerwerke in Deutschland verboten, aber vom 31. Dezember bis zum 1. Januar sind sie ausnahmsweise erlaubt. Die Feuerwerksraketen und Knaller kann man in den Tagen vor Silvester in jedem Supermarkt kaufen. Das Feuerwerk dauert etwa 30 Minuten und anschließend kehren die meisten in die warmen Wohnungen zurück, wo weiter gefeiert wird—in manchen Fällen bis in die frühen Morgenstunden.

D

Das Feuerwerk bereitet besonders viel Spaß und wenn es von allen ordnungsgemäß verwendet werden würde, wäre es relativ harmlos, da das Feuerwerk nur wenig Sprengstoff enthält. Nichtsdestotrotz geschehen in der Silvesternacht eine Vielzahl von Unfällen, insbesondere weil viele Leute schwer alkoholisiert sind. Zudem stellt das Feuerwerk eine besondere Gefahr in den Altstädten dar, denn würde eine Rakete durch das Fenster eines alten Holzhauses fliegen, könnte es leicht Feuer fangen. Aus diesen Gründen ist Feuerwerk in den Altstädten gelegentlich nicht gestattet.

Sollten Sie also irgendwann Silvester in Deutschland feiern, dann feiern Sie ausgiebig aber sorgen Sie dafür, dass auch Ihre Mitmenschen einen schönen und sicheren Start in das neue Jahr erleben.

3 Welche Sätze sind richtig? Kreuzen Sie die richtigen Antworten an.

- ☐ 1) Silvester feiert man üblicherweise mit der Familie.
- ☐ 2) Man verwendet Blei zum Bleigießen.
- ☐ 3) Um Punkt zwölf Uhr Mitternacht geht man ins Freie und macht ein Feuerwerk.
- ☐ 4) Private Feuerwerke kann man in Deutschland jederzeit machen.
- ☐ 5) Wenn ordnungsgemäß verwendet, ist Feuerwerk nicht besonders gefährlich.

4 Welche Überschrift passt zu welchem Paragraphen? Suchen Sie die passenden Überschriften aus und weisen Sie ihnen A bis D zu. Vergleichen Sie das Ergebnis mit Ihrer Partnerin / Ihrem Partner.

Das Feuerwerk um Mitternacht

Ein Fest mit Freunden

Die Gefahren von Silvester

Das Bleigießen

5 Wie haben Sie Ihr letztes Silvester verbracht? Was machen Sie an Silvester normalerweise? Schreiben Sie einen Text darüber. Vergleichen Sie in Ihrer Gruppe.

6 **Hörübung** Dialog - Bleigießen

a Hören Sie sich den Dialog von Lilly, Mama und Papa an und füllen Sie die Lücken aus.

Mama: Schatz, _____ du bitte die Kerze anzünden?

Mama: Lilly, _____ anfangen?

Papa: Ähhh… Wahrscheinlicher ist, du _____ im Lotto gewinnen

Papa: Das _____ ein Herz sein.

Papa: Nach nichts? Komm! Es _____ irgendwas sein.

Papa: Oh, nein. Wie langweilig. Wenn meins doch auch bloß wie ein Fisch oder ein Herz ausgesehen _____!

b Hören Sie sich den Dialog noch einmal an und beantworten Sie die folgenden Fragen.

1) Wer hat die Kerze angezündet?

2) Wer hat zuerst Blei ins Wasser geleert?

3) Wie hat das Blei von Lilly und Mama ausgesehen?

4) Warum war Papa am Ende traurig?

c Was würden Sie machen, wenn …? Schreiben Sie und vergleichen Sie in Ihrer Gruppe.

1) Wenn ich Zeit hätte, _____

2) Wenn ich Millionär wäre, _____

3) Wenn ich alleine auf eine unbewohnte Insel gehen müsste, _____

Grammatik　接続法 II 式　Konjunktiv II

接続法 II 式には主に**仮定話法**と**婉曲話法**があります。婉曲話法は、「そんなことはありえないほど現実的ではないのだが」というニュアンスを持ち、非常に丁寧な敬語表現を作り、日常会話で頻繁に用いられます。

仮定話法（実現する可能性の少ない内容を仮定する表現）

・Wenn ich Geld **hätte**, **würde** ich eine Weltreise machen.　もしお金があれば、世界旅行をするのに。

・Wenn ich Geld gehabt **hätte**, **hätte** ich eine Weltreise gemacht.
もしお金があったら、世界旅行をしたのに。

・**Könnte** ich ohne Lernen Deutsch beherrschen!　勉強せずにドイツ語を習得できたらなぁ！

婉曲話法

・**Könnten** Sie mir bitte erklären?　私に説明してくださいませんか？

・**Könnten** Sie bitte langsamer sprechen?　ゆっくり話してくださいませんか？

・Ich **hätte** gern eine Tasse Milchkaffee, bitte.　カフェオレを頂けませんでしょうか。

【**接続法 II 式の作り方**】**過去基本形＋ e ＋過去人称変化語尾**　（e で終わる過去基本形の動詞には e をつけない）不規則動詞では幹母音が a, o, u のときは、変音します。話法の助動詞の sollen と wollen は幹母音の変化がないので、直説法の過去形と全く同じになります。

	規則動詞	不規則変化動詞					
不定詞	lernen	haben	werden	fahren	geben	sehen	sein
過去基本形	lernte	hatte	wurde	fuhr	gab	sah	war
ich -e	lernte	hätte	würde	führe	gäbe	sähe	wäre
du -(e)st	lerntest	hättest	würdest	führest	gäbest	sähest	wär(e)st
er/sie/es -e	lernte	hätte	würde	führe	gäbe	sähe	wäre
wir -en	lernten	hätten	würden	führen	gäben	sähen	wären
ihr -et	lerntet	hättet	würdet	führet	gäbet	sähet	wär(e)t
sie -en	lernten	hätten	würden	führen	gäben	sähen	wären
Sie -en	lernten	hätten	würden	führen	gäben	sähen	wären

話法の助動詞や sein、haben など、接続法 II 式の形が直説法と区別しやすい動詞の場合には、接続法 II 式の形が用いられますが、würde ＋不定詞の形で代用されることがほとんどです。

△ Wenn ich Urlaub **hätte**, **führe** ich in die Schweiz.　もし長期休暇があれば、スイスに行くのに。

○ Wenn ich Urlaub **hätte**, **würde** ich in die Schweiz **fahren**.

---

7 | **Schreiben Sie die unterstrichene Stelle in Konjunktiv II um. Dann lesen Sie den Text nochmal und überprüfen Sie Ihre Lösung.**

1) Blei ist ein außerordentlich giftiges Metall, deshalb <u>ist</u> Bleigießen sehr ungesund.

2) Das Feuerwerk bereitet viel Spaß und wenn es von allen ordnungsgemäß <u>verwendet wird</u>, <u>ist</u> es relativ harmlos, da das Feuerwerk nur wenig Sprengstoff enthält.

3) Zudem stellt das Feuerwerk eine Gefahr in den Altstädten dar, denn <u>wird</u> eine Rakete durch das Fenster eines Holzhauses fliegen, <u>kann</u> es leicht Feuer fangen.

4) <u>Sollen</u> Sie also irgendwann Silvester in Deutschland feiern, dann feiern Sie ausgiebig aber sorgen Sie dafür, dass auch Ihre Mitmenschen einen schönen und sicheren Start in das neue Jahr erleben.

15 Lektion Studentenverbindungen

Auf die Mensur, fertig, los!

1 Nehmen Sie an Klubaktivitäten teil? Oder haben Sie jemals an Klubaktivitäten teilgenommen? Was haben Sie dort gemacht? Hatten Sie Spaß? Sprechen Sie mit Ihrer Partnerin / Ihrem Partner.

-44

2 Wortschatz Was bedeuten die folgenden Wörter? Schlagen Sie diese in Ihrem Wörterbuch nach. Hören Sie sich die Aussprache an und üben Sie diese mit Ihrer Partnerin / Ihrem Partner.

organisieren _____

Studentenverbindung _____

Wappen _____

Mütze _____

Mitglieder _____

Tresen _____

Bierzapfhahn _____

Schwertkampf _____

fechten _____

verletzen _____

Schutzkleidung _____

Mut _____

Arbeitsstelle _____

Studentenverbindungen

2-45 **A** _____

Universitäten gibt es in Deutschland seit vielen Jahrhunderten und damals wie heute war ein wichtiger Teil des Studentenlebens das gesellige Zusammensein mit anderen Studenten. Es ist daher nicht überraschend, dass sich im Laufe der Zeit Studenten in Gruppen organisierten, den Studentenverbindungen. In diesen „Verbindungen" trafen sich die Studenten vor allem um gemeinsam Bier zu trinken und zu singen. Heute gibt es in Deutschland noch ca. 1000 Studentenverbindungen und die meisten dieser Gruppen sind über hundert Jahre alt.

2-46 **B** _____

Studentenverbindungen sind meist sehr traditionsbewusst. So haben alle Verbindungen ein eigenes Wappen und die Mitglieder tragen häufig eine besondere Mütze oder ein Band. Verbindungen haben auch immer ein „Verbindungshaus". Im Verbindungshaus wohnt ein Teil der Mitglieder gemeinsam und dort treffen sich die Mitglieder mehrmals die Woche. Die Verbindungshäuser liegen oft sehr nahe an der Universität und die Miete ist trotz guter Lage sehr niedrig. Das liegt daran, dass die Verbindungen die Grundstücke schon seit sehr vielen Jahren besitzen. Die günstige Miete ist für manche Studenten ein wichtiger Grund, weshalb sie den Verbindungen beitreten. Die meisten Verbindungshäuser haben übrigens einen eigenen Tresen samt Bierzapfhahn.

Insgesamt sind weniger als ein Prozent aller Studenten Mitglieder einer Studentenverbindung. Der Anteil an Studentinnen ist sogar um ein vielfaches geringer, denn etwa 85% der Verbindungen erlauben Frauen keine Mitgliedschaft. Das liegt angeblich daran, dass diese Regel aus einer Zeit vor der Gleichberechtigung der Geschlechter stammt. Doch das ist letztlich nur eine Ausrede, denn die Verbindungen könnten diese Regel ja jederzeit ändern.

2-47 **C** _____

Eine besondere Tradition, deren Anfänge im 16. Jahrhundert liegen, ist der Schwertkampf zwischen Studenten. In sogenannten „schlagenden Verbindungen" wird diese Tradition bis heute fortgeführt. In diesen Studentenverbindungen fechten Mitglieder gegen Mitglieder aus anderen Verbindungen mit dem Schwert. Früher waren diese Duelle oft tödlich und ausgesprochen gefährlich. Damit keine Studenten mehr bei den Kämpfen sterben, wurden seit dem 18. Jahrhundert besondere Regeln eingeführt, wodurch die Kämpfe sicherer wurden. Sinn und Zweck des Schwertkampfes ist nicht den anderen zu verletzen, sondern lediglich seinen Mut unter Beweis zu stellen. Seit 1845 ist übrigens kein Student mehr beim Schwertkampf gestorben.

2-48 **D** _____

Obwohl der Name Studentenverbindung nahelegt, dass die Mitglieder ausschließlich Studenten sind, so entspricht dies nicht der Wahrheit. Mitglieder einer Verbindung bleiben nämlich ihr ganzes Leben lang Mitglieder. Nachdem sie ihr Studium abgeschlossen haben, werden sie zu sogenannten „Alten Herren" und unterstützen die Verbindung über viele Jahre. Neben finanzieller Hilfe können „Alte Herren" den Studenten dabei helfen, eine gute Arbeitsstelle in ihrer Firma zu bekommen. Durch die Alten Herren haben Verbindungsmitglieder viele Beziehungen, die im späteren Leben nützlich sein können.

3 Welche Sätze sind richtig? Kreuzen Sie die richtigen Antworten an.

☐ 1) Die meisten Studentenverbindungen gibt es schon seit langer Zeit.

☐ 2) Das Wohnen in Verbindungshäusern ist üblicherweise sehr billig.

☐ 3) Die meisten Studenten sind Mitglieder einer Verbindung.

☐ 4) In manchen Verbindungen wird auch heute noch mit echten Schwertern gekämpft.

☐ 5) „Alter Herr" ist eine Bezeichnung für den ältesten Studenten im Verbindungshaus.

4 Welche Überschrift passt zu welchem Paragraphen? Suchen Sie die passenden Überschriften aus und weisen Sie ihnen A bis D zu. Vergleichen Sie das Ergebnis mit Ihrer Partnerin / Ihrem Partner.

Alte Herren

Warum es Studentenverbindungen gibt

Was sind Studentenverbindungen?

Schlagende Verbindungen

5 **Grammatik**

a Kombinieren Sie die folgenden Wörter und bilden Sie ein neues Nomen daraus. Dann lesen Sie den Text noch einmal und überprüfen Sie Ihre Lösungen.

1) Student + Verbindung →

2) Verbindung + Haus →

3) Schwert + Kampf →

4) Arbeit + Stelle →

Grammatik 複合語 **Kompositum**

ドイツ語では、複数の名詞をつなげて、一つの名詞を形成することがあります（複合語）。複合語の性は最後の名詞の性になります。

Arm（男性名詞）+Band（中性名詞）+Uhr（女性名詞）＝ Armbanduhr（女性名詞）

名詞をつなげて複合語を作る際、単に結合させるだけのタイプ（70％ほど）、[e]s をはさむタイプ、[e]n をはさむタイプ、e を取り除くタイプなどがあります。前の名詞が -tum, -ling, -ion, -tät, -heit, -keit, -schaft, -sicht, -ung で終わるものには、必ず s をはさみます。ほとんどの複合語においては、どのタイプか見分けがつかないので、その都度、覚えていくことが必要です。

Universität（大学）+Bibliothek（図書館）＝ Universitätsbibliothek（大学図書館）

Geburt（誕生）+Tag（日）＝ Geburtstag（誕生日）

Arbeit（仕事）+ Zimmer（部屋）＝ Arbeitszimmer（仕事部屋）

複合語は形容詞や動詞との組み合わせから作られることもあります。

＜形容詞 ＋ 名詞＞ rot（赤い）+ Wein（ワイン）→ Rotwein（赤ワイン）

＜動詞 ＋ 名詞＞ schlafen（寝る）+ Zimmer（部屋）→ Schlafzimmer（寝室）

＜名詞 ＋ 形容詞＞ Erfolg（成功）+ reich（豊富な）→ erfolgreich（成功した）

＜形容詞 ＋ 形容詞＞ dunkel（暗い）+ blau（青い）→ dunkelblau（濃紺の）

a Wählen Sie zwei Wörter aus der Tabelle und machen Sie daraus neue Wörter. Erklären Sie, was das Wort bedeuten soll. Wer in Ihrer Gruppe findet die lustigste Kombination?

kühl	s Bier	r Käse	s Baby	r Ball	e Tasche
s Brot	r Schrank	s Zimmer	e Toilette	e Brille	r Fuß
r Student	s Gold	r Tanz	r Hund	s Wasser	s Gesicht

der Brottanz: Dieser wird immer dann getanzt, wenn man ein leckeres Brot isst.

die Taschentoilette: Eine sehr kleine Toilette, die man auf Reisen mitnehmen kann.

das Schrankgesicht: Eine Person mit einem großen, eckigen Kopf.

6 Hörübung — Ein Interview mit einem Mitglied einer Studentenverbindung

a Hören Sie das Interview und kreuzen Sie an.

	richtig	falsch
1) Herr Bauer hat sich entschieden im Verbindungshaus zu wohnen, weil die Miete dort billiger als in anderen Wohnungen war.	☐	☐
2) Herr Bauer wohnt seit 2 Jahren im Verbindungshaus.	☐	☐
3) Herr Bauer fechtet jeden Donnerstag.	☐	☐
4) Herr Bauer trinkt nicht so viel Alkohol.	☐	☐
5) Die Studentenverbindung, zu der Herr Bauer gehört, ist international.	☐	☐

* Der Papst ist ein schöneres Wort für Kotzbecken. Hier enden die Burschen, denen der übermäßige Biergenuss auf den Magen schlägt. Der Begriff „Papst" geht auf ein Trinkspiel zurück, das man wahrscheinlich erst nach ein paar Gläsern Bier versteht.

b Was für Studentenverbindungen gibt es in Deutschland? Recherchieren Sie mit Ihrer Partnerin / Ihrem Partner im Internet. Stellen Sie danach Ihrer Gruppe eine Studentenverbindung vor.

主要不規則動詞変化一覧表

不定詞	直説法		接続法第2式	過去分詞
	現在	過去		
beginnen はじめる		**begann**	begänne (begönne)	**begonnen**
bieten 提供する		**bot**	böte	**geboten**
binden 結ぶ		**band**	bände	**gebunden**
bitten たのむ		**bat**	bäte	**gebeten**
bleiben とどまる		**blieb**	bliebe	**geblieben**
brechen やぶる	*du* brichst *er* bricht	**brach**	bräche	**gebrochen**
bringen 運ぶ		**brachte**	brächte	**gebracht**
denken 考える		**dachte**	dächte	**gedacht**
dürfen …してもよい	*ich* darf *du* darfst *er* darf	**durfte**	dürfte	**dürfen** 〈**gedurft**〉
empfehlen 勧める	*du* empfiehlst *er* empfiehlt	**empfahl**	empföhle (empfähle)	**empfohlen**
entscheiden 決定する		**entschied**	entschiede	**entschieden**
essen たべる	*du* isst *er* isst	**aß**	äße	**gegessen**
fahren 乗り物で行く	*du* fährst *er* fährt	**fuhr**	führe	**gefahren**
fallen 落ちる	*du* fällst *er* fällt	**fiel**	fiele	**gefallen**
fangen 捕える	*du* fängst *er* fängt	**fing**	finge	**gefangen**
finden 見つける		**fand**	fände	**gefunden**
fliegen 飛ぶ		**flog**	flöge	**geflogen**
geben 与える	*du* gibst *er* gibt	**gab**	gäbe	**gegeben**
gehen 行く		**ging**	ginge	**gegangen**
gelingen うまくいく	*es* gelingt	**gelang**	gelänge	**gelungen**

不定詞	直説法		接続法第2式	過去分詞
	現在	過去		
geschehen 起こる	*er* geschieht	**geschah**	geschähe	**geschehen**
gewinnen 勝つ		**gewann**	gewänne (gewönne)	**gewonnen**
greifen つかむ		**griff**	griffe	**gegriffen**
haben もっている	*du* hast *er* hat	**hatte**	hätte	**gehabt**
halten つかんでいる	*du* hältst *er* hält	**hielt**	hielte	**gehalten**
hängen 掛かっている		**hing**	hinge	**gehangen**
heben 持ち上げる		**hob**	höbe (hübe)	**gehoben**
heißen (…という) 名である	*du* heißt *er* heißt	**hieß**	hieße	**geheißen**
helfen 助ける	*du* hilfst *er* hilft	**half**	hülfe (hälfe)	**geholfen**
kennen 知る		**kannte**	kennte	**gekannt**
kommen 来る		**kam**	käme	**gekommen**
können …できる	*ich* kann *du* kannst *er* kann	**konnte**	könnte	**können** 〈**gekonnt**〉
laden 積む	*du* lädst (ladest) *er* lädt (ladet)	**lud**	lüde	**geladen**
lassen させる	*du* lässt *er* lässt	**ließ**	ließe	**gelassen** 〈**lassen**〉
laufen 走る	*er* läufst *du* läuft	**lief**	liefe	**gelaufen**
lesen 読む	*du* liest *er* liest	**las**	läse	**gelesen**
liegen 横たわっている		**lag**	läge	**gelegen**
lügen うそをつく		**log**	löge	**gelogen**
mögen …かもしれない	*ich* mag *du* magst *er* mag	**mochte**	möchte	**mögen** 〈**gemocht**〉
müssen …しなければならない	*ich* muss *du* musst *er* muss	**musste**	müsste	**müssen** 〈**gemusst**〉

不定詞	直説法		接続法第2式	過去分詞
	現在	過去		
nehmen 取る	*du* nimmst *er* nimmt	**nahm**	nähme	**genommen**
nennen 名づける		**nannte**	nennte	**genannt**
raten 助言する	*du* rätst *er* rät	**riet**	riete	**geraten**
rufen 呼ぶ		**rief**	riefe	**gerufen**
scheinen 輝く		**schien**	schiene	**geschienen**
schlafen 眠る	*du* schläfst *er* schläft	**schlief**	schliefe	**geschlafen**
schlagen 打つ	*du* schlägst *er* schlägt	**schlug**	schlüge	**geschlagen**
schließen 閉じる	*du* schließt *er* schließt	**schloss**	schlösse	**geschlossen**
schneiden 切る		**schnitt**	schnitte	**geschnitten**
schreiben 書く		**schrieb**	schriebe	**geschrieben**
schreien 叫ぶ		**schrie**	schriee	**geschrien**
schweigen 黙っている		**schwieg**	schwiege	**geschwiegen**
schwimmen 泳ぐ		**schwamm**	schwömme (schwämme)	**geschwommen**
sehen 見る	*du* siehst *er* sieht	**sah**	sähe	**gesehen**
sein (*s.*) ある、いる	*ich* bin *du* bist *er* ist *wir* sind *ihr* seid *sie* sind	**war**	wäre	**gewesen**
singen 歌う		**sang**	sänge	**gesungen**
sitzen すわっている	*du* sitzt *er* sitzt	**saß**	säße	**gesessen**
sollen …すべきである	*ich* soll *du* sollst *er* soll	**sollte**	sollte	**sollen** 〈**gesollt**〉
sprechen 話す	*du* sprichst *er* spricht	**sprach**	spräche	**gesprochen**

不定詞	直説法		接続法第2式	過去分詞
	現在	過去		
springen 跳ぶ		**sprang**	spränge	**gesprungen**
stehen 立っている		**stand**	stünde (stände)	**gestanden**
stehlen 盗む	*du* stiehlst *er* stiehlt	**stahl**	stähle	**gestohlen**
steigen のぼる		**stieg**	stiege	**gestiegen**
sterben 死ぬ	*du* stirbst *er* stirbt	**starb**	stürbe	**gestorben**
streiten 争う		**stritt**	stritte	**gestritten**
tragen 運ぶ	*du* trägst *er* trägt	**trug**	trüge	**getragen**
treffen 会う	*du* triffst *er* trifft	**traf**	träfe	**getroffen**
treten 歩む	*du* trittst *er* tritt	**trat**	träte	**getreten**
trinken 飲む		**trank**	tränke	**getrunken**
tun する		**tat**	täte	**getan**
vergessen 忘れる	*du* vergisst *er* vergisst	**vergaß**	vergäße	**vergessen**
verlieren 失う		**verlor**	verlöre	**verloren**
wachsen (s.) 成長する	*du* wächst *er* wächst	**wuchs**	wüchse	**gewachsen**
waschen 洗う	*du* wäscht *er* wäschst	**wusch**	wüsche	**gewaschen**
werden なる	*du* wirst *er* wird	**wurde**	würde	**geworden** 〈worden〉
werfen 投げる	*du* wirfst *er* wirft	**warf**	würfe	**geworfen**
wissen 知っている	*ich* weiß *du* weißt *er* weiß	**wusste**	wüsste	**gewusst**
wollen …するつもりだ	*ich* will *du* willst *er* will	**wollte**	wollte	**wollen** 〈gewollt〉
ziehen 引く		**zog**	zöge	**gezogen**

読んで旅する現代ドイツ

2023 年 2 月 20 日　第 1 版発行
2024 年 2 月 29 日　第 2 版発行

著　者　　樋口　恵（ひぐち　めぐみ）

　　　　　Maurizio Camagna（マウリツィオ・カマーニャ）

発行者　　前田俊秀
発行所　　株式会社　三修社
　　　　　〒 150-0001　東京都渋谷区神宮前 2-2-22
　　　　　TEL 03-3405-4511
　　　　　FAX 03-3405-4522
　　　　　振替 00190-9-72758
　　　　　https://www.sanshusha.co.jp
　　　　　編集担当　永尾真理
印刷・製本　日経印刷株式会社

DTP　　　　藤原志麻
表紙デザイン 土橋公政
イラスト　　タカヤマチグサ

Start

Was essen Sie am liebsten?

Was kochen Sie gern?

Was tragen Sie heute? (ein weißes T-shirt, eine rote Hose...)

Was trägt auf der re (ein weiße rote Hose.

Was möchten Sie in den Ferien machen?

Was nehmen Sie mit, wenn Sie allein auf eine unbewohnten Insel gehen müssen?

1 mal aussetzen

Was machen Sie, wenn es regnet?

Was mach wenn Sie e Millionen Y

Welche ist Ihre Lieblingssendung? Warum?

1 mal aussetzen

Welchen Film mögen Sie am liebsten? Erklären Sie die Handlung.

Geh 3 Felder weiter

Was ist I Hobby?

Was möchten Sie dieses Jahr neu anfangen?

Was möchten Sie dieses Jahr aufhören?

Geh 2 Felder weiter

Was haben Sie am Wochenende vor?

1 mal aussetzen

nochmal würfeln

Erzählen Sie, was Sie gestern gemacht haben.

Welches Gesellschaftspiel mögen Sie am liebsten? Warum?

Geh 2 Felder zurück

Sagen Sie der Satz weiter. „Ich habe Feri deshalb ...."

hre Nebensizer
chten Seite?
s T-shirt, eine
.)

Was trägt Ihre Nebensizer auf der linken Seite? (ein weißes T-shirt, eine rote Hose...)

Geh zum Start zurück

Welches Fest mögen Sie am liebsten?

en Sie,
ine
en haben?

Was machen Sie, wenn Sie mit Freunden sind?

nochmal würfeln

Beschreiben Sie Ihre Sachen mit dem Relativsatz. z.B)Das ist mein Buch, das ich gekauft habe.

Geh 4 Felder Weiter

nochmal würfeln

Nennen Sie ein Lebensmitttel, welches mit B anfängt.

Nennen Sie einen Beruf, welcher mit F anfängt.

Nennen Sie bitte ein Land, welches mit S anfängt.

Was ist wichtig für Sie beim Deutsch lernen?

Was war Ihr Traumberuf als Kind? Warum?

Welches Buch mögen Sie am liebsten? Erklären Sie bitte die Handlung.

Geh 2 Felder weiter

Sagen Sie den Satz weiter. „Ich bin müde, trotzdem ...."

Sagen Sie den Satz weiter. „Ich stehe am Sonntag um 9 Uhr auf, dann........"

Geh 3 Felder zurück

Ziel